U0128327

東台灣叢刊之十六

天主教在卡大地布部落的發展、適應與變遷

陳映君　著

中華民國一〇九年十月二十日

東台灣研究會

本書出版蒙

曹永和文教基金會 贊助

謹誌並申謝忱

推薦序

陳映君碩士的論文在民族學界的評價甚高，主要原因如下：

一、徵引文獻的豐富性，尤其是為了瞭解早期的傳教情況，她對於錫質平神父完整的傳教日記有深入的了解，以至於得以掌握早期傳教士的想法與精神；對於白冷會在東台灣乃至於在卑南族人之間如何開拓傳教事業也有了深刻的探討與分析。

二、田野工作的扎實與否決定了 EMIC 觀點是否具有全面性與確實性。作者多年來在卡大地布部落的深耕，與族人、教友、神職人員建立了穩固的信賴關係，因此在參與田野所獲得的成果足具代表性。

三、作者本人是天主教友，對於天主教教義、儀軌與重要傳承等細節自然瞭若指掌，因此在進行本研究時得以駕輕就熟。更值得嘉許的是作者能夠注意到個人宗教情懷的主觀性與學術研究客觀性的份際；所以在分析天主教在卡大地布部落的發展、適應與變遷時，仔細著眼台灣大社會與部落小社會發展的問題、教會團體認同與台灣原住民族意識消長的問題......等。作者以精實的學術理論探討在信仰的本質並無改變的前提下，教會如何調整與部落的關係、與族人的關係，完成了系列化的本色化變革，進而讓教會與部落進入一個新的面向。

四、學術上關於天主教在卑南族的傳教研究不多，更遑論第一手文獻，作者能夠以堅實的田野成果應證其假設，這也是本論文成果得以達到高品質的原因。

張駿逸

國立政治大學民族學系 兼任副教授

國立政治大學民族學博物館 館長

中華民國 109 年 8 月 20 日

作者序

這本論文得以出版，由衷感謝東台灣研究會給予機會。謝謝審查者不吝提供建議與指教，使本文的觀點與概念闡釋更加清晰，筆者在修改的過程中也有不少新的反思與啟發，受益良多。謝謝研究會李美貞小姐在出版事務上細心與耐心的協助，讓出版作業能夠順利、完善。在出版之前，這本論文的完成，便乘載了無盡的支持與祝福。謝謝卡大地布家人、族人們滿滿的關愛、信任及照顧，和我分享深刻而真實的生活與生命，並領我認識美麗而溫馨的卑南族文化。謝謝我的指導教授張駿逸老師，在田野和寫作的歷程中持續鼓勵、悉心教導，更鼎力相助撰寫推薦序。這本論文從完稿至出版，一路上有許多朋友、親人默默的關懷與幫助，在此無法一一列舉致謝，筆者將所有感激收藏於心。最後，感謝天主安排的這一切美善與各樣恩賜。

這本論文透過文獻爬梳與長期的田野調查，敘述並記錄天主教在卡大地布部落的傳教歷程，並從宗教本地化理論出發，探討卡大地布部落的天主教本地化情形，接著分析教會與部落互動過程中之角色和關係轉變；最後嘗試提出本地化及教會發展的實際議題與思考面向，期望能夠作為天主教會與族群關係未來發展的討論。在修改與校訂過程中，筆者發現，從論文田野到出版的這短短一、兩年，卡大地布已有些許更迭，天主教會與部落的互動也持續變化著，筆者期許這本論文的小小觀察能夠拋磚引玉，將來在這範疇內可以產生更多對話或激盪。

陳映君

2020 年 8 月於台北

目 次

第一章　緒論 7

第一節　研究背景及目的 7
第二節　研究設計 12
第三節　理論架構 17
第四節　文獻回顧 19

第二章　卡大地布部落歷史沿革與信仰概況 29

第一節　卡大地布部落簡史 29
第二節　卡大地布部落傳統信仰與祭儀 52
第三節　卡大地布部落現今信仰概況 72

第三章　天主教的傳入與發展 84

第一節　台灣東部開教與白冷外方傳教會之傳教 84
第二節　知本天主堂的發展：1953-1992 年 94
第三節　知本天主堂的發展：1993 年之後 104

第四章　天主教在卡大地布部落的本地化 124

第一節　宗教本地化理論 124
第二節　天主教在卡大地布部落的本地化情形 128
第三節　卡大地布部落天主教族人信仰生活 145

第五章　天主教在卡大地布部落的適應與變遷 163

第一節　族人歸信天主教之因素分析 163
第二節　知本天主堂與卡大地布部落的互動 179
第三節　知本天主堂之現況反思與未來議題 194

第六章　結論 203

參考文獻 211

附錄　知本天主堂與卡大地布部落大事記要（1945-2017） 218

表　次

表 1-1 研究設計架構表 15
表 2-1 今日卑南族聚落簡要 32
表 2-2 卡大地布部落親族團體 43
表 2-3 傳統卡大地布部落男子會所的年齡級與社會責任 45
表 2-4 卡大地布男子會所歷史沿革 47
表 2-5 知本卑南人的年齡階段 49
表 2-6 卡大地布女性傳統年齡階段及現今慣用名稱與部落事務參與概況 51
表 2-7 卡大地布部落 viruwa 名稱與釋義 54
表 2-8 卡大地布部落傳統農事工作及現行歲時祭儀 60
表 3-1 白冷會來台會士及傳教工作（1953-1960 年） 89
表 3-2 知本堂區（早期）教堂概覽 97
表 3-3 知本天主堂歷任司鐸 102
表 3-4 知本天主堂傳協會工作職掌 115
表 3-5 知本天主堂主日彌撒參與人數統計 117
表 3-6 天主教禮儀年週期內容 121
表 3-7 知本天主堂年度活動 123
表 5-1 天主教基本名詞與卑南語翻譯 166

圖 次

圖 1-1 卡大地布部落位置圖......13
圖 1-2 卡大地布部落街道圖......14
圖 1-3 本地化與適應概念說明圖......19
圖 2-1 今日卑南族聚落分佈情形......33
圖 2-2 卑南語各方言之間的關係......33
圖 2-3 知本天主堂現址，建堂前有大大小小近百座祖靈屋......41
圖 2-4 rahan 自家住屋後方空地的祖靈屋......41
圖 2-5 2001 年 8 月落成的祖靈屋......42
圖 2-6 2007 年 7 月啟用的祖靈屋......42
圖 2-7 個人家族傳承的祖靈屋......43
圖 2-8 卡大地布今日之會所......46
圖 2-9 pulingau 進行部落祖墳集體遷葬之祭祀儀式......57
圖 2-10 猴祭時，青年教導少年學習射箭......61
圖 2-11 猴祭期間，少女學習製作’avay......62
圖 2-12 族人於迎獵門等待獵人們凱旋歸來......64
圖 2-13 大獵祭自山上歸來的男性由親友戴上花環......64
圖 2-14 rahan 為喪家家屬除喪......67
圖 2-15 族人和喪家於 karuma’an 和 palakuwan 前跳除喪舞......67
圖 2-16 族人在 Revuavua’an 進行祭祖儀式......68
圖 2-17 參與 Revuavua’an 祭祖之全體族人合影......69
圖 2-18 除草時節至，婦女彼此號召在小米田除草......71
圖 2-19 真耶穌教會知本會堂......73
圖 2-20 長老教會知本教會......75
圖 2-21 知本天主堂聖堂外觀及聖母亭、費道宏神父紀念碑......76
圖 2-22 知本以馬內利教會......78
圖 2-23 知本代天府中元普渡盛況......80
圖 2-24 教友報導人家中普渡情形......82
圖 3-1 知本卑南族青年洪源成、曾建次晉鐸......99
圖 3-2 《神職晉鐸》歌譜......100
圖 3-3 1993 年第一批族人重返部落遺址 Tusariyariyang......107
圖 3-4 Tusariyariyang 地區靠外處的聖母像......108

圖 3-5 具原住民風格的知本天主堂內部......111
圖 3-6 知本天主堂傳協會組織表......114
圖 3-7 天主教禮儀年曆......121
圖 4-1 知本天主堂聖堂本體外觀......132
圖 4-3 知本天主堂歷代祖先牌位......133
圖 4-4 小米收穫祭感恩彌撒以傳統作物、食物作為獻禮......139
圖 4-5 小米收穫祭感恩彌撒奉獻傳統舞蹈......139
圖 4-6 小米收穫祭感恩彌撒祭祖儀式流程......140
圖 4-7 小米收穫祭感恩彌撒祭祖儀式祈禱文......140
圖 4-8 小米收穫祭感恩彌撒後，教友在聖堂內 muarak......141
圖 4-9 煉靈月追思已亡彌撒......144
圖 4-10 煉靈月教友家中的追思已亡彌撒......145
圖 4-11 天主教禮儀年與卡大地布部落歲時祭儀曆......147
圖 4-12 天主教式的靈堂......152
圖 4-13 神父正在喪家為喪家家屬及教友進行祝福禮......152
圖 4-14 族人以「天主保佑」做為傳統服的十字繡圖紋......155
圖 5-1 不同文化面對宗教道德負擔的可能性象限模型......196

第一章 緒論

第一節 研究背景及目的

一、研究背景

筆者身為天主教徒[1]，2010 年夏天因財團法人樂銘文教基金會提供之培力營[2]機會，初訪知本天主堂與卡大地布部落[3]，結識了當地教友。營隊結束後，筆者每年都會趁節日及寒暑假自行再訪，或是從旁幫忙天主堂的兒童夏令營，與當地之緣至今已有多年；在這段接觸與認識過程中，發現知本天主堂除了熟為人知的原住民風格教堂建築以外，還乘載著豐富的歷史意義與特色，且與部落發展有著緊密的連結。

天主教在 1953 年傳入卡大地布部落，是天主教在卑南族地區的第一個傳教據點，知本天主堂也是幾個卑南族部落（南王、下賓朗、初鹿等）中天主教信仰人數比例最高的堂區[4]，最盛時期部落約有三分之二的人口成為天主教徒；此外，知本天主堂還培育出了三

[1] 筆者雖身為天主教徒，但本文撰寫盡可能跳脫個人宗教因素，以維持研究之客觀中立。

[2] 由台北教區具豐富教會營隊籌辦資歷的青年教友到外地分享經驗，並和在地青年教友一起籌辦兒童夏令營。

[3] 「卡大地布」（Katratripulr）為台東知本原名，是卑南語「在一起」或「團結」之意。部落名稱原使用漢語記音「卡地布」，羅馬拼音 Katripulr，2013 年底經部落會議決議，正式正名為卡大地布 Katratripulr 部落。為利於行文及閱讀通順，本文以「卡大地布部落」和「知本部落」兩名稱交替使用。

[4] 亦稱為牧區，是天主教會管理體制中地區性教會的最基本單位，天主教通常依據各國家實際上的行政區劃作為劃分，一個聚落或社區設有一個堂區。

位本地神父，其中一位更是台灣第一位原住民主教[5]。筆者自幼生長於天主教家庭，加上家中從事天主教聖物[6]製作，與台灣天主教會和神職人員接觸密切，深知本地神職人員培育之不易，因而對於知本天主堂能夠成就三位神父感到印象深刻。

除了傳教工作方面的成功，筆者更認識到知本天主堂曾協助部落保存珍貴的口傳史料，這些史料成為日後部落恢復傳統祭儀的參考根基，天主堂的廣場在 1970 年至 1992 年也是部落舉辦收穫祭的主要場地，有其歷史意義。在教育方面，昔日擔任本堂主任司鐸[7]的費道宏神父（Rev. Patrick Veil）[8]重視部落孩童的學習，在天主堂旁創立幼稚園，為部落孩童提供學前教育；在青年的部分，部落原有的卑南族傳統青年集會所於 1954 至 1960 年間，因遭當地警員誤解而解散，費神父深知青年集會所對於部落傳統社會制度及教育的重要性，因而向國外募款成立「知本天主堂公教青年館」，並設立家政班，使部落青年男女擁有訓練和學習的場地與機會。

時至今日，卡大地布部落已設立部落廣場與青年集會所，天主堂不再是部落活動的主要場地，幼稚園也在近年停止營運，但每年七月部落小米收穫祭的勇士繞街祈福，還是會進入天主堂的廣場呈

[5] 曾建次輔理主教，1942 年生於知本部落，1972 年 3 月 21 日成為神父，1998 年 6 月 24 日當選花蓮教區輔理主教，2017 年底退休。曾主教致力於卑南族語及傳統文化保存推廣，出版多本族語及文化相關著作，亦是知本天主堂本地化發展的重要推手。

[6] 神職人員彌撒所用之聖器（如：聖爵、聖體龕……等），或是教友在信仰上需要使用的器物、用品（如：十字架、玫瑰唸珠……等）。

[7] 羅馬天主教的神職人員，即英文 priest，中文譯為司鐸或神父。主任司鐸為堂區的最高負責人，通常也稱為本堂神父。

[8] 費道宏神父於擔任知本天主堂主任司鐸之任期為 1957-1959 年、1963-1974 年，卸任後依然住在知本堂區至 1985 年。

現 putengalr[9]，顯示天主堂在部落發展的過程中有著重要地位。筆者欲探討並記錄天主教會近年來在當地發展、適應與變化之情景，以及知本天主堂在部落發展史中的互動過程。

二、研究目的

卑南族信仰西方基督宗教並不普及[10]，其原因可能是卑南族自有穩固的傳統信仰，或是與漢人接觸較久，受漢人民間信仰影響較深，而具有排他性、強調一神信仰的西方宗教更難被接受。不過根據文獻記錄與田野的走訪，天主教會傳入知本至今已逾六十年，筆者觀察到部落中教友人數雖較以往減少，但比例仍高，且在聖統制（hierarchy）[11]的天主教會下，發展出自身的本地特色；近年來，卡大地布部落歷經傳統文化復振與建構的潮流，部落主體意識發達，也成立了發展協會及部落會議，部落事務制定或決策的領導重心已轉移到當今的組織，知本天主堂在部落事務上的影響力不如以往，但每逢部落的祭典或活動時，可以見到部落組織與天主堂兩者彼此協調、配合，是為部落和宗教組織之間相互尊重和適應的表現。

[9] 族人習慣漢譯為「勇士精神舞」。過去卡大地布部落勢力盛極一時，許多其他的部落須向卡大地布部落進貢，此舞姿即由扛貢品上山的姿態演變而來；每年部落小米收穫祭時，青少年繞行村落時會呈現此舞蹈。

[10] 關於此說，請參閱林志興（2014：24-27）一文。另，筆者於 2016 年 2 月 23 日與中央研究院副研究員陳文德先生言談，亦得此說法；以南王部落為例，部落中的基督宗教以長老教會教友較多，天主教教友的比例在部落中更僅佔約 10%，而下賓朗部落的天主教友比例大約只有 20%，知本的天主教教友比例雖不如以往，但粗估仍有 40%至 50%。

[11] 聖統制為天主教管理教會的體制。依據《天主教法典》(台灣地區主教團秘書處編譯，1992：161-319)，聖統制的最高權力是教宗及全球主教團，教會的中央行政機構是教廷；地區性的天主教會稱為地方教會，依照範圍之不同又可分為主教團、教省、教區、總鐸區、堂區、修會、善會等。

綜合以上所述，筆者希冀藉此研究朝向下列幾個方向探索，以理解天主教在卡大地布部落的發展，從而為知本天主堂及天主教在卑南族的傳教過程留下一段記錄：

（一）傳教歷程

知本天主堂做為天主教傳入卑南族之第一個且成功的據點，更發展出屬於本堂區自身的特色，又在長時間與部落的互動關係中不斷變遷、適應，天主教信仰初來之時是如何被族人接受？當時的傳教過程是如何進行的？

（二）內在歸信因素

卡大地布部落接受天主教信仰與部落中領導家系的歸信有極大的關聯，至今族人中教友的比例仍不算低，若除去外在因素（如時代背景、教會發放美援物資等）的影響，天主教信仰是否與卑南族原有的社會文化觀念相連結或有可對應之處，使得族人得以在時空更動下，繼續維持天主教信仰？

（三）本地化與適應

1962 年梵諦岡第二次大公會議(以下簡稱梵二大公會議)[12]後，天主教會推行地方教會本地化，強調地方教會應認同當地民族之文化並建立互動關係，且能彼此分享、學習，使生命經驗相契合，進

[12] 在天主教會內，大公會議便是教宗與普世主教集合在一起，來訓導整個教會。它的組成隸屬於教宗，由教宗召開，教宗親自或派代表主持，並能遷移、中止或解散之。教宗與教長們一起批准和公佈各項決定，有關大會中討論的事項和應守的程序，也由教宗決定。凡屬於世界主教團成員的每位主教，都有權利和義務參加大公會議並有表決權。此外，教宗能遴選部份沒有主教職務的人士參加大公會議，並規定其職務。梵二大公會議頒布的梵二文獻中揭櫫文化尊重與交流的精神，是天主教在各地進行本地化工作的指引方針。

而將基督的福音與當地文化結合，成為文化中的一部份。筆者在卡大地布部落舉行收穫祭時，觀察到部落在進行整體性的活動安排時，會將天主堂的彌撒時間列人考量，待天主教友彌撒結束一起到部落廣場，才開始後續活動。另外，筆者參加天主堂彌撒、活動或幫忙天主堂的兒童夏令營時，也發現知本天主堂的堂區組織與一般堂區不太相同；通常一個堂區會有教友傳教協進會[13]（以下簡稱傳協會）和其他善會團體[14]，但知本天主堂卻只有傳協會；更令筆者關注的是，當兒童夏令營活動需要人手幫忙時，是由家長依照在部落中既有的婦女會組織直接進行分工，此為筆者在其他堂區所未曾見聞的，由此，部落與天主堂之間也許存在更多種互動與本地化的可能。再者，天主教為制度化宗教，有完整的信仰生活體系及禮儀規範，教友依照教會所制定頒布的禮儀年曆過信仰生活，而卑南族也有其既有的歲時祭儀年曆，那麼天主教的信仰生活怎麼與族人原有的生活結合？天主教信仰在卡大地布部落有哪些特別之處？又，以部落與天主堂至今的發展觀之，部落與宗教之間的勢力是雙向互動的，此過程中是否曾有衝突？如何解決或調適？

（四）現況與未來

近年來，筆者觀察到知本天主堂頻繁活動的教友出現年齡斷層，此現象若以全台灣天主教境況觀之雖不少見，但在卡大地布部落是

---

[13] 傳教協進會由堂區主任司鐸與本堂教友所組成，基於教友的信、望、愛三德，發揮並結合教友的能力、專長及智慧，在自傳、自治、自養的原則下共同合作，協助主任司鐸管理、推行堂區事務、維持聖堂運作。

[14] 善會為經教會認可，成員可包含神職人員和一般教友的團體，其組成目的是為了培養更加接近基督精神的生活，或推行公共敬禮，或傳佈基督真理，或做其他使徒工作，亦即為宣講福音鋪路，或為辦慈善事業，或以基督化精神振奮現世秩序。（台灣地區主教團秘書處編譯，1992：149）

否有其特殊因素？因應的方法為何？今日天主教會在部落中的位置與功能又是什麼？

透過以上四個方向的探查，本研究期望能對天主教在卡大地布部落的發展情形、知本天主堂和部落的互動，以至知本天主堂曾經遭遇的困難經驗，有更深的認識，同時提供天主教會對於推行在地化工作時，可引以為鑑的參考面向。除此之外，筆者在研究過程中，發現天主教在台灣東部原住民地區的傳教史和發展，至今尚未有專論卑南族之天主教研究，而與卡大地布部落相關的研究亦多聚焦於文化復振和部落發展之層面，天主堂的角色在研究中多被安置於歷史脈絡中的特定階段，但天主堂本身的現況與未來，以及其在部落中的角色轉變則較少被關注或提及。本研究期許為卑南族天主教研究做出嘗試性的討論，並思考天主教會在卑南族未來可能的展望。

第二節　研究設計

一、研究範圍

本文研究地點卡大地布部落，位於台東縣台東市西南方，省道台九線與台十一線之間，南臨太麻里鄉，是卑南族分布最南邊的部落，行政區劃為台東市知本里及建業里（請見圖 1-1），為卑南族與漢人混居之聚落。

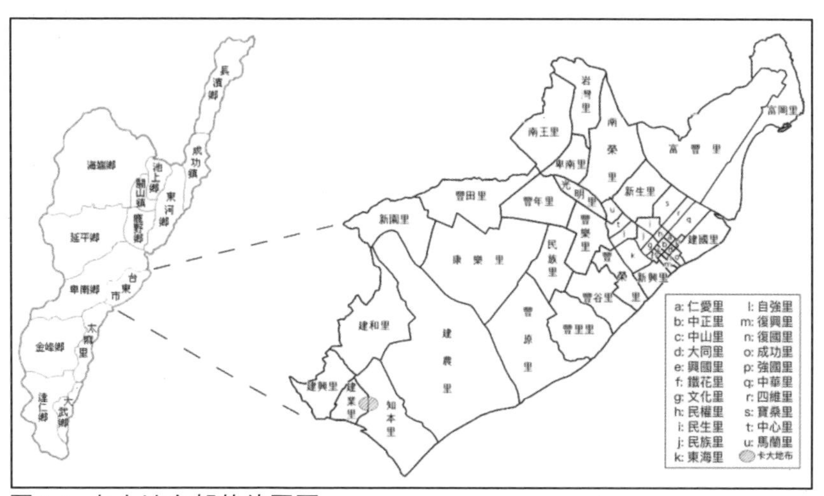

圖 1-1 卡大地布部落位置圖。

資料來源：國家圖書館台灣鄉土書目資料庫 http：//localdoc.ncl.edu.tw/tmld/index.jsp 以及 WIKIMEDIA COMMONS https：//commons.wikimedia.org/w/index.php?curid=36039793

製圖：陳映君。

本文所指之部落範圍為族人日常提及「部落」一詞的指涉區域，是族人的主要居住地，部落中的重要場所、學校以及本文討論的知本天主堂皆於此範圍之內（請見圖 1-2）。部落尚有廣大範圍傳統領域，可能於後文敘述中提及，但不列入本研究調查範圍。

部落內之道路配置在日治時期已大致底定，空間分布是以知本路為主要幹道所形成的長條狀區域；習慣上，部落族人以「第一條路」稱呼知本路，「第二條路」和「第三條路」分別為與知本路平行的西昌街和康定街，最晚形成的昆明街是「第四條路」。在人口居住分布上也有明顯的區別，知本路多為漢人經營的商店，卑南族人多集中居住在西昌街與康定街，昆明街則多為大陸來台的退伍軍人，知本火車站附近尚有客家人居住。

圖 1-2 卡大地布部落街道圖。

資料來源：https：//www.google.com.tw/maps/@22.7080933,121.0469164,15z/data=!4m2!6m1!1s1ErRTwCKn1Oq6Q1uQ1fqIBLjp8jt3lTkq?hl=zh-TW。

製圖：陳映君。

二、研究方法

本研究探討天主教在卡大地布部落的發展、變遷與適應，涉及縱向的歷史時間脈絡，以及橫向的各個時期天主堂與部落之樣貌，因此必須掌握過去的時代背景和部落的變化，同時理解族人的生命經驗與生活模式，方能描繪出天主堂與部落之間較完整的互動樣貌。本研究朝以下兩個方向進行：

（一）文獻分析

卑南族的傳統社會文化研究已有大量成果，針對卡大地布部落的研究數量亦豐，本研究借前人研究之力，理解卑南族傳統宗教觀念與傳統祭儀之脈絡。較近代的部落樣貌則可透過地方誌，搭配運用政府的官方數據資料，結合近期研究成果進行整理分析。天主教會的部分，從教廷早期教會文獻、會議記錄，到台灣主教團、花蓮教區及白冷外方傳教會、知本天主堂皆有完整的資料，此外，知本部落本地神職人員曾建次主教也出版了許多相關書籍，能夠給予本研究莫大助益。

（二）田野調查

為理解主位（emic）觀點，在實地的田野調查當中，以參與觀察（participant observation）法進行多次重訪的長期研究，由直接、第一手的接觸，對族人及教友的生活經驗進行觀察。同時搭配非結構性的深度訪談，以及族人口述生命史，針對過去的傳教情況、祭典活動內容、部落組織等子題進行詢訪，以補過去文獻不足之處。表 1-1 為本研究各重要主、子題採用之研究方法說明。

表 1-1 研究設計架構表

研究主題	研究子題	研究方法	訪談對象
天主教傳教史	台灣東部傳教史	文獻分析	
	白冷外方傳教會	文獻分析	
	堂區歷史	文獻分析、深度訪談	堂區神父、傳道員、堂區幹部、知本天主堂教友（老年、壯年）
天主教本地化	本地化特色	文獻分析、參與觀察、深度訪談	堂區神父、傳道員、堂區幹部、教友
	信仰生活	參與觀察、深度訪談	知本天主堂卑南族教友
知本天主堂	互動	參與觀察	

研究主題	研究子題	研究方法	訪談對象
與部落	衝突與適應	文獻分析、參與觀察、深度訪談	傳道員、堂區幹部、教友、部落非教友族人
	教友觀點	參與觀察、深度訪談	堂區幹部、教友
	非教友觀點	參與觀察、深度訪談	部落非教友族人
	教會觀點	深度訪談	教區或堂區神父
	教會之角色或位置轉換	參與觀察、深度訪談	堂區神父、傳道員、堂區幹部、教友、部落非教友族人

三、研究對象之界定

本研究之主體為知本天主堂，而天主堂的成員是由神職人員及教友構成，因此本研究以知本天主堂教友，以及曾在知本天主堂服務的神職人員為主要觀察及訪談對象。關於天主堂與部落之互動，筆者盡可能訪談部落中的非天主教友或逐漸冷淡教友，或自天主教改宗的族人，以瞭解不同觀點之見解；特別是過去文獻曾提及教堂與部落在收穫祭舉辦場地一事曾有衝突，然筆者認為該研究因報導人身份之故，觀點較偏向非教友族人，因而特此議題深入訪問教友與非教友族人，期能聽取不同信仰者對該事件之看法。

四、研究限制

（一）自身身份

筆者自身身為天主教徒，對天主教已甚熟悉，也較容易參與教友的信仰生活，以及聆聽教友對信仰的想法，因而能夠從天主教會內部的角度和當地人之主位觀點（emic）進行思考；天主教徒的身份也使筆者在知本受到如家人般溫馨的接納與信任，為田野調查助益良多。然而本研究希望聽取各方對天主堂和部落互動過程之觀點，因此訪談對象亦涵括部落中的非教友族人，但筆者的天主教身份，在訪問非教友族人之時，難免發生報導人為避免冒犯或產生芥蒂而語帶保留的狀況；此外，筆者雖欲觀察部落其他基督宗教派別的聚會，但因天主堂彌撒時間與其他幾所基督教會禮拜（或聚會）時間重疊，筆者仍以主要研究對象—天主教會—之彌撒為主，未能在基督教會活動的時間前往觀察。

（二）語言限制

筆者雖經常造訪卡大地布部落並盡量學習卑南族語，但使用卑南族語溝通的能力仍力有未逮，訪問部落耆老時，必須另請族人協同翻譯。此外，白冷外方傳教會雖有傳教記錄和資料，但當時之傳教人員多以德文書寫記錄，特此感謝白冷會歐思定修士[15]（Bro. Buchel Augustin, S.M.B）在會院內協助閱讀傳教日記，並耐心口譯讓筆者能夠以中文寫下紀錄。

第三節　理論架構

本研究探討天主教在卑南族部落的發展、適應與變遷，過程涉及宗教與文化的相遇，因此主要採用本地化理論作為分析依據。本

[15] 歐思定修士，1936 年生於瑞士，1963 年來台服務，在白冷會掌管會計之職數十年，熱愛大自然與運動，至今仍在台東白冷會院協助處理會務。

研究主要參考 Nicolas Standaert[16]（鍾鳴旦）所著《本地化—談福音與文化—》中所定義的本地化概念，在此略述其基本概念，詳細內容於第四章第一節介紹。

「本地化」（inculturation）為 1974 至 1975 年間在神學上出現的新辭彙，本地化又稱本土化、本位化或本色化，本研究採用該書之用法使用「本地化」一辭，其定義為「一個外來的宗教，經歷一些改變，在接受它的文化中，自取一新的風貌」，而其重點所在是本有的文化，將另一文化中的某些新元素，吸收成為己有。因此可歸結，本地化的主要動力來自地方文化，意即以地方文化為主體，吸收或轉化外來宗教某些新元素的動態性過程。

由於本地化的主要動力是來自地方文化本身，因此唯有地方人們先接受外來宗教中新的元素，才有可能出現後續的本地化；而外來宗教必須先做出改變，例如傳教士主動學習地方的語言或生活方式，使地方人們接納，進而開始慢慢理解、接受外來的宗教，此種概念稱為適應（adaptation）。

綜合上述，外來宗教與某地的文化接觸之時，不可能一開始就進入本地化的歷程，而是先由外來宗教主動適應，日後的本地化方為可能，且本地化是一段長時間互動之過程，並非短期內急速成就之事，其動能方向必須再次強調，本地化之動力來自地方文化本身。此以圖 1-3 說明本地化與適應兩概念及兩者之關係：

[16] Rev. Nicolas Standaert, S.J.，1959 年生於比利時，是耶穌會神父，同時也是當代著名漢學家，現任比利時天主教魯汶大學漢學教授。

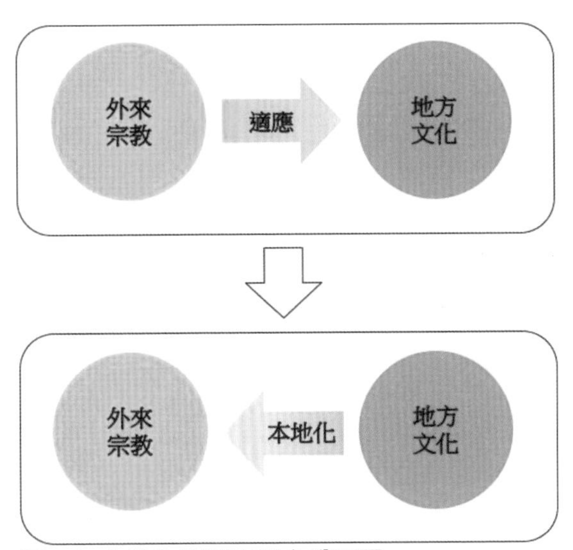

圖 1-3 本地化與適應概念說明圖。
製圖：陳映君。

天主教進入卡大地布部落發展至今，在現實中多個面向都能夠與本地化的概念相印證，並存在豐富的討論空間，因此本研究以此概念作為知本天主堂在部落發展及與部落互動的理解與分析依據。

第四節　文獻回顧

本研究探討天主教在卑南族卡大地布部落的發展、適應與變遷，因此以台灣天主教研究、原住民族地區天主教研究暨本地化研究，以及卡大地布部落與知本天主堂相關研究，三個面向進行文獻回顧。

一、台灣天主教研究

台灣的天主教研究相較其他宗教的研究數量為少，天主教在台傳教史及聖統制之建立主要可見於《臺灣天主教史研究論集》（古偉瀛，2008）及《天主教在台灣》（江傳德，2008）二書。兩者內容記載詳實，但重點都置於台灣西部地區的傳教史，因此除了聖統制的建立過程，未能見得東部地區的傳教史。

天主教在台灣東部的傳教歷程，主要由一些國共戰後隨國民政府從中國大陸來台的神父，以及透過天主教會中的各個修會[17]，在不同的地區一邊興辦慈善事業，一邊播種耕耘宣教，使台灣東部許多民眾領洗成為信友，東台灣也成為全台少數天主教徒占人口比例較高的地區之一。這些修會包含巴黎外方傳教會（Paris Foreign Mission Society, M.E.P.）、白冷外方傳教會（Bethlehem Mission Society, S.M.B.）、聖奧斯定詠禮會（Canons Regular of Saint Augustine, C.R.）、遣使會（Congregation of the Mission, C.M.）、聖母聖心會（Congregation of the Immaculate Heart of Mary, CICM）、聖十字架慈愛修女會（Sisters of Mercy of the Holy Cross, C.S.C）、仁愛修女會（Daughters of Charity of Saint Vincent de Paul, D.C.）、聖吳甦樂修女會（Roman Union of the Order of St. Ursula）及聖瑪爾大修女會（Saint Martha Institute, S.M.I.）等，而位於台東縣的知本天主堂即是由瑞士籍白冷外方傳教會（以下簡稱白冷會）負責。

[17] 天主教會中由一群出自自身意願，宣發貞潔、貧窮與服從三聖願，捨棄世俗生活的男女所組成的團體。各個修會依循各自的目的和精神而成立，按照不同的方式宣傳福音。

《50 Jahre Bethlehem Mission in Taiwan 1953-2003 天主教白冷外方傳教會來台傳教五十週年紀念專輯》（趙麗珠編，2003）一書從白冷會的組成、宗旨、服務方向，敘述白冷會在世界各地的使命，其工作包含改善貧困地區人民的生活、協助地方教會成長自立、促進文化與宗教間的交流以及為弱勢者服務等。其中也介紹了白冷會在台灣從奠基、成長、自立到傳承等各傳教工作階段的內容。此外，1962 年梵二大公會議之後，全球教會展開本地化工作，白冷會會士投入大量人力、物力，進行原住民各族語言及閩南語聖歌創作，以及禮儀經文和聖經的翻譯工作，保留了豐富的原住民文化資料，乃本研究對於本地化議題探討依據之一。除了白冷會在東部的開教歷程和本地化作為，書中尚收錄了幾位曾在台東服務的神父、會士之經驗見證，可作為本研究之參考。

〈傳教會與區域發展—以臺東白冷會為例〉（鄭仲烜，2010）一文點出天主教在台灣發展的研究論述並不如基督新教的研究豐碩，針對修會本身的研究更是缺乏。此研究透過天主教花蓮教區及白冷會內部相關資料，呈現白冷會在台東的傳教過程與成果，並討論白冷會實際參與東台灣區域發展之歷程。作者認為白冷會尊重在地文化與母語，因此能夠吸引原住民成為教友。而天主教會因羅馬教廷為共同的領導核心，所以修會之間有著共同的目標和使命，能夠互相支援、合作；而修會在教務和社會服務事業推展之後，將成果歸於教區共有，修會傳教士便退居幕後，正是白冷會與花蓮教區當今之情形。

二、原住民族地區天主教研究暨本地化研究

原住民在台灣人口僅佔少數，卻有百分之八十信仰基督宗教，在各地教會也相當活躍；台灣天主教徒約有三十萬人，其中原住民天主教徒約十二萬人，比例高達五分之二，有其重要性。目前原住民族地區之天主教研究多以族群為單位，做個別性的研究，唯《活力教會－天主教在台灣原住民世界的過去現在未來》（丁立偉、詹嫦慧、孫大川，2004）一書從台灣原住民整體出發；以下針對與本研究較相關之文獻進行回顧。

《活力教會－天主教在台灣原住民世界的過去現在未來》一書介紹天主教過去五十年來在原住民地區的傳教歷史、近代現況，及未來展望。全書共分三篇，第一篇敘述台灣天主教原住民地方教會之歷史，內容依照年代次序，從台灣北部凱達格蘭族傳教工作、西南平原平埔族天主教團體的建立，到 1940-1960 年代原住民大規模歸信天主教會、時代背景改變所遭遇的挑戰，而至現代原住民族自我認同，成立專屬原住民的地方教會。第二篇專門介紹台灣原住民天主教信仰的本地化，內容包含見證分享、天主教原住民藝術發展、台灣天主教原住民福傳牧靈組織、部分天主教原住民社會服務組織，其中紀錄了第一線神職人員、傳道員及平信徒的切身經驗，以及梵二精神與天主教本地化過程的回顧及落實。第三篇描述了目前台灣原住民天主教地方團體面對未來有哪些具體的作法和因應之道。簡言之，本書將台灣天主教原住民地方教會做為一個整體，梳理出在台灣的政治時空背景變異之下，天主教在原住民地區發展的脈絡。

與本研究同為白冷會傳教領域且同屬花蓮教區的蘭嶼，目前已有兩本專書論述其宗教變遷與發展。席萳・嘉斐弄本身為蘭嶼達悟族人，其於《達悟族宗教變遷與民族發展》中分析達悟族歸信天主教的因素，包含天主教帶來物質生活的改善、族人受到神父個人特質與精神的吸引、天主教教義與達悟族傳統神觀相近以及族人的宗教經驗互相影響。作者亦分析了天主教對民族發展的影響，除了一般論及西方宗教帶來的正面影響，如民族語言保存、傳統祭儀的延續等，較特別的是對於人才的培育和民族尊嚴的捍衛，以及婦女地位的提升，這主要出於當時在蘭嶼傳教的紀守常神父（Rev. Giger Alfred, S.M.B）對於教育的堅持和發自內心對於達悟族人的關懷，極力保護達悟族人不受欺壓或屈辱。雖然天主教對蘭嶼影響不淺，但仍與達悟族人原有的生活慣習或觀念存在著不適應，例如傳統文化中根深柢固的禁忌、喪葬觀、婚姻觀念、信仰實踐，以及神職獨身的觀念與達悟族傳統對子嗣之重視相衝突，這些問題顯示天主教在傳教與實踐上依然會遇到難以解決的困境，也呈現出不同族群背後複雜的社會文化。另一本專論蘭嶼天主教發展的《當達悟遇上基督》（簡鴻模等，2004）書中對於傳統達悟神觀與基督宗教神觀做了清楚的對照和比較，也針對達悟族天主教本地化從概念到實踐提出介紹和觀察。

《祖靈與天主—眉溪天主堂傳教史初探》（簡鴻模，2002）研究眉溪部落賽德克族歸信天主教的經驗，記述天主教在該地的初傳、發展、停滯、轉型。作者從賽德克族的 Gaya（傳統規範系統）對照基督宗教，發現兩者之神觀能夠互相連結，且因著 Gaya 的規範，親戚一起行動是必要的，所以出現了集體改宗的現象；除此之外，部落中也有人藉著 Gaya 中夢占的指示做為改宗與否的依據。對於本地化的討論，作者提出若只有禮儀或教堂裝飾藝術上的改變是不夠的，唯有將教會融入當地的文化脈絡，才能夠將信仰經驗和特殊的文化具體表現出來，否則難以進入族人的生命或文化傳承脈絡中進行對話或融合。作者更進一步反省原住民天主教會的本地化，認為台灣天主教會雖曾大力推行地方教會本地化，但主要的論述與思考模式都是基於中國文化的前提，而沒有注意到應鼓勵屬於南島民族的台灣原住民教會與漢人不同，如此做法反而是再次同化原住民族，是台灣天主教會過去推行本地化的盲點。

〈阿美族皈依天主教及其適應之研究一以太巴塱部落為例〉（李孟融 2012）一文探討太巴塱阿美族人歸信天主教之過程與適應，採用 Lewis R. Rambo 所提出的歸信理論，分析太巴塱天主教教友歸信的內在因素。作者從天主教教義、神學思想、傳教士的修會使命，尋找與太巴塱傳統信仰的相容性，最終做出歸因。除了歸信因素的分析之外，作者也提到不同於以往以小米為中心的歲時祭儀，天主教會年度禮儀深深影響族人生活作息，正面效益是文化、語言得以保存、部分族人心理得到自由解放，但同時也存在著負面的影響，例如改變部落組織運作；此點提醒筆者進行研究時，不應只討論天主教帶來的正面貢獻，也應深入觀察天主教會進入部落產生的衝突或其他改變。

〈祖先、家與天主教：以鹿野鄉阿美族和平部落為例〉（廖曉菁，2006）以歷史脈絡及阿美族的傳統組織此二面向為主軸，來探究鹿野鄉和平部落阿美族的宗教變遷。歷史脈絡的部分，作者認為日治時期的宗教及教育政策是使該地傳統信仰改變的主因；而光復後，面對強勢的漢人宗教，天主教解釋祖先意涵的角度，以及天主教具備完善的禮儀使教友奉行於生活，則是影響的關鍵。傳統社會組織方面，作者透過教會中同一家族的教友比例甚高之現象，說明阿美族的親屬關係與信仰的擴散具密切關聯，且天主教的傳入有助於維繫家與家之間的連結。最重要的是，外力引入宗教只在初期有影響力，真正使得信仰在日後能持續之主因為主客體間的融合情形，亦即本地化發展之體現。

〈胆腹阿美族的宗教變遷：以接受天主教為例〉（陳文德，1999）一文認為要了解該聚落阿美族人改宗的過程，必須先瞭解其原來社會組織與宗教活動的「間隔化」特徵，也就是年齡組織與親屬組織之間的關係是間接的，且各自有不同的活動領域，而此特徵也呈現於宗教活動。文中提出天主教的傳入使部落產生改變的實例，同時部落間隔化的特徵也牽連著天主教在該地的發展，由此出發方能理解天主教在當地發展的性質與限制。因此，當探討外來宗教之傳入和部落宗教變遷，勢必得先理解其思想體系與宇宙觀，並理解其社會組織的運作與結構特性，才能將外來宗教在部落的發展作清楚的銜接。

三、卡大地布部落與知本天主堂相關研究

與卡大地布部落相關之研究數量豐富，舉凡部落史、文化復振、社會組織皆有前人關注，知本天主堂本身雖非研究主題，卻也時常

出現於文獻當中，此以與本研究對象最密切相關的專書與論文爬梳回顧。

《天主教花蓮教區聖母無原罪知本堂區 50 週年慶》（知本天主堂編，2006）依照時間軸線，將天主堂的歷史做重點式介紹，值得注意的是，堂區歷史大事記融入了部落多次尋根和文化復振的歷程，顯見知本天主堂與部落文化復振關係之密切性。書中刊錄了許多當地神長、修女、傳道員、教友的分享和見證、教堂組織概況，以及過去堂區活動的老照片，透過這些文章和照片，得以窺見知本天主堂發展過程的樣貌，亦使筆者瞭解知本天主堂對於族人生命歷程的影響。

《祖靈的腳步：卑南族石生支系口傳史料》（曾建次，1998）全書共四十八篇文章，透過十三位身為巫師、祭司、神父、傳道者等身份的口述者，道出卑南族石生支系的神話傳說、人文風俗和部落歷史故事。由這些口述內容，可瞭解卑南族石生支系的起源、神靈祖先觀念、祭儀由來、部落遷徙史，以及不同政權對部落之影響。另外，也許由於作者是知本天主堂培養出的神父，因此有兩篇文章專門講述知本部落的宗教和知本天主教會，此為較特別之處，也是與本研究最直接關聯的內容。

〈文化復振？文化創造？以卡地布（知本）卑南人為例〉（陳文德，2008）針對卡大地布部落自 1990 年代初期開始著手恢復中斷數年的傳統歲時祭儀、重建會所制度和祖靈屋，並多次回到舊部落和起源地尋根，還拜訪了互相視為有親緣關係的旭海及太巴塱部落等具體活動，探討此為傳統文化復振抑或文化傳統的再詮釋。文中清楚說明部落組織、卡地布文化發展協會和天主教會在部落復振與傳統文化的建構各有不同的角色和作用，其中特別提出卡地布部落族人強調部落領導人物的共同參與是部落發展的關鍵，尤其當時影響天主教教友參與的神職人員的態度更具指標性意義，且在時間脈絡下，天主教對卡大地布歲時祭儀與傳統信仰的影響，每個階段各有不同的互動關係，並非三言兩語就能道盡。

〈一個部落失落至重現過程之研究：以知本 Katatipul 部落經驗為例〉（鄭丞志，2006）從原住民族運動、社區總體營造為始，詳細敘述卡大地布部落從傳統文化的流失到再現之過程，並分析卡地布族人過去與當今的文化認同之體現。作者紮實的參與觀察與訪談，提供了豐富的第一手資料，尤其在「卡地布的重現」一章中，由重要事件出發，描述天主堂與部落之間幾個重要的連結點、衝突點或轉折點；且訪談對象包含天主教徒和非天主教徒，因此可以見到不同於筆者所熟悉的教友或教會立場。此篇文章將是本研究之重要參考依據。

〈卑南族知本天主堂建築之裝飾圖像詮釋〉（羅小婷，2008）以圖像學分析及完形心理學和風格論的角度，探討原住民圖像應用在教會建築裝飾之詮釋，由作品的圖像詮釋、創作者的意圖和觀者的美感經驗分析知本天主堂裝飾的表現與特色。教堂的裝飾藝術為教會本土化的最外顯特徵，也顯示圖像與族群文化的連結，但本研究之重點並不在細究教堂裝飾藝術，而是具有原住民風格的教堂整體現今成為部落的文化新地標，筆者認為這顯示天主堂在部落中位置的轉變。

〈傳統不變？—卑南族卡地布部落女性社會、經濟與公領域地位的轉變〉（石婉筠，2009）以社會性別與社會資本之概念，緊扣部落的環境變遷，討論卡大地布部落的文化復振和部落發展中，女性的角色以及在部落的位置中如何變動。此文針對部落女性在經濟、政治中的角色有相當多的分析，並且清楚描述了婦女會與部落中其他組織的關係和互動模式，對於本研究理解在環境變遷中，部落組織與政治權力的運作有相當大的助益。

《卑南族》（陳文德，2010）一書是綜合卑南族以往之研究成果，介紹其族群文化整體樣貌的概論性書籍。此書幫助筆者瞭解卑南族整體的社會文化、歲時祭儀、傳統宗教觀等，其重要性不言而喻。值得一提的是作者將自身在南王部落所觀察到的天主教經驗納入其中，認為天主教與卑南族傳統之「karuma(H)an」的觀念和家的觀念是可以再深入討論的，本研究亦期許能夠嘗試與此論點進行對話。

綜合以上文獻回顧，天主教在東部原住民地區的傳教史和發展，多見關於花蓮地區阿美族及蘭嶼達悟族的專書及學術論文，對於本地化的研究也相當豐富，但至今尚未有專論卑南族之天主教研究，尤其是接受天主教信仰的內在因素分析更是缺乏。與卡大地布部落相關的研究多聚焦於文化復振和部落發展之層面，天主堂的角色在研究中多被安置於歷史脈絡中的特定階段，而天主堂本身的現況與未來，以及其在部落中的角色轉變則較少被關注或提及。本研究期許為卑南族天主教研究做出嘗試性的討論，以及思考並提出天主教會在卑南族未來可能的展望。

第二章　卡大地布部落歷史沿革與信仰概況

卡大地布部落是卑南族中人口數量眾多的部落，且歷史淵源悠久，部落口傳故事中曾出現和荷蘭人交往之情景。本章針對卡大地布部落的起源、領導家族遷移等如何成為今日部落樣貌的過程，同時對於其社會結構、部落組織和傳統祭儀以及現今信仰情形逐一爬梳與介紹，以作為理解本研究田野地點之背景基礎。

第一節　卡大地布部落簡史

一、卑南族概述

卑南族聚落主要分布於台東平原北部和台東縱谷以南沿中央山脈東側，海拔約 100 至 500 公尺之地帶。在文獻紀錄中，自荷西統治時期已出現今日之知本、南王、利嘉、初鹿等聚落名稱；清朝的官方文獻亦具體記載卑南諸社社名，並有「八社」[1]一詞，此乃日治時期卑南族或稱「八社蕃」之緣由。今日卑南族人主要分布於知本、建和、利嘉、泰安、上賓朗、初鹿、龍過脈（自初鹿分出）、下賓朗、南王和寶桑（自卑南社分出）等十個聚落[2]，行政區劃屬台東縣卑南鄉與台東市所轄，據 2018 年二月人口統計，

[1] 卑南族八社乃知本社（今知本）、射馬干社（今建和）、呂家社（今利嘉）、大巴六九社（今泰安）、阿里擺社（今上賓朗）、北絲鬮社（今初鹿）、檳榔樹格社（今下賓朗）、卑南社（今南王）。

[2] 因此亦有卑南族是「八社十部落」之說。

卑南族共有一萬四千餘人。今日卑南族之聚落及分布，以表 2-1 和圖 2-1 表示之。

關於卑南族的族群分類，目前沿用 1935 年由移川子之藏、宮本延人和馬淵東一合著之《臺灣高砂族系統所屬の研究》所使用的台灣原住民族分類系統，該系統即為至今仍通泛沿用的「九族」分類。然而先於移川子之藏等人之前，卑南族的族群位置存有不同說法，伊能嘉矩、鳥居龍藏、佐山融吉和小島由道皆將卑南族認定為獨立的一個族，森丑之助卻將之與排灣族、澤利先族（即魯凱族）歸為同一族群，關於此番討論，陳文德在《臺東縣史・卑南族篇》（2001）中，已將日治時期各方人類學者之研究觀點做了詳盡的梳理對照。

至於族群名稱，在《臺灣高砂族系統所屬の研究》中，移川子之藏等人將卑南族原先的族名 Piyuma（或 Puyuma）更改為 Panapanayan，原因是 Puyuma 一詞亦為卑南社之社名，為避免族群名稱與部落名稱混淆，便以卑南族口碑傳說中之發祥地名 Panapanayan[3]做為族群名稱（移川子之藏等，楊南郡譯註，2011[1935]：409）。1997 年，卑南族各部落共同決議以 Pinuyumayan[4]作為卑南族的官方羅馬拼音名稱，具有強調「大家團結一致」之意；此名稱之另一層意義在於 Pinuyumayan 是由卑南族人共同討論、自主決定的族群自稱，而非日治以來學界所賦予的他稱。

---

[3] 知本、建和稱該地為 Revuavua'an，常使用音譯漢字「陸發岸」，為今日太麻里鄉三和村和華源村交界處。

[4] Pinuyumayan 一字，其構詞是 Puyuma 加中綴 in 和表示多數集合的後綴 an 而衍生的。語言學上，y 是兩個母音中的「滑音插入」，而且此字的構成動詞的 Puyuma 加上中綴的 in、後綴的 an，成為「名物化」。普悠瑪卑南人認為 Puyuma 一字有「團結」的意思，就此而言，Pinuyumayan 即具有強調「大家團結一致」之意。（陳文德，2015：11）

前文提及卑南族之八個社，學者根據族群起源的口碑傳說—卑南族全體一致地傳述：祖先從臺東廳知本之南的美和村海岸岩石，叫做 Panapanayan 的發祥地出現，只有卑南社獨傳祖先是竹生（同上引，2011[1935]：9、414）—進一步將卑南族分為兩個系統，目前廣泛為學界採用的是「石生」與「竹生」系統；也有另一種分類：以知本為主，包括建和、利嘉、泰安、初鹿和上賓朗的「知本社群」，以及以南王為主，並涵括下賓朗的「南王社群」。兩種分類系統雖然廣為沿用，也表現在某些社會文化上，不過後續研究卻也指出各分類系統的可議之處[5]；此外，除了以起源傳說作為分類依據，也有針對族群內部語言差異所進行之語言學研究[6]，並提出卑南語各方言之間的關係（請見圖 2-2）。然而無論哪一種系統分類法，筆者所欲強調的是，其意義皆在於呈現卑南族內部具有多元的複雜性，因此對於每個部落的情形和特殊性進行深入探討更顯重要。

[5] 關於卑南族的族群內部分類的深入探討，詳請參閱陳文德（2001：21-27）之研究。
[6] 請見丁邦新（1978）之研究。

表 2-1 今日卑南族聚落簡要

現今聚落名稱 ( ) 為卑南語稱呼	日治時期舊社名	今日行政區劃	備註
知本 （Katratripulr）	知本社	台東市建業里、知本里	
建和 （Kasavakan）	射馬干社	台東市建和里	
利嘉 （Likavung）	呂家社	卑南鄉利嘉村	
泰安 （Tamalrakaw）	大巴六九社	卑南鄉泰安村	
初鹿 （Ulivelivek）	北絲鬮社	卑南鄉初鹿村	
上賓朗 （'Alripay）	阿里擺社	卑南鄉賓朗村	
下賓朗 （Pinaseki）	檳榔樹格社	卑南鄉賓朗村	
南王 （Puyuma）	卑南社	台東市南王里	
龍過脈 （Danadanaw）		卑南鄉明峰村	日治時期，與「初鹿」等地點合併成為北絲鬮社，約在西元 1980 年，另外成立一個部落。
寶桑（'apapulu）		台東市寶桑里	日治時期，約在昭和 4 年（1929）由卑南社遷出，另成立新社。

資料來源：陳文德（2001：19），筆者將原表中之聚落名稱卑南語拼寫法改為現今各部落正式或自主慣用之拼法。

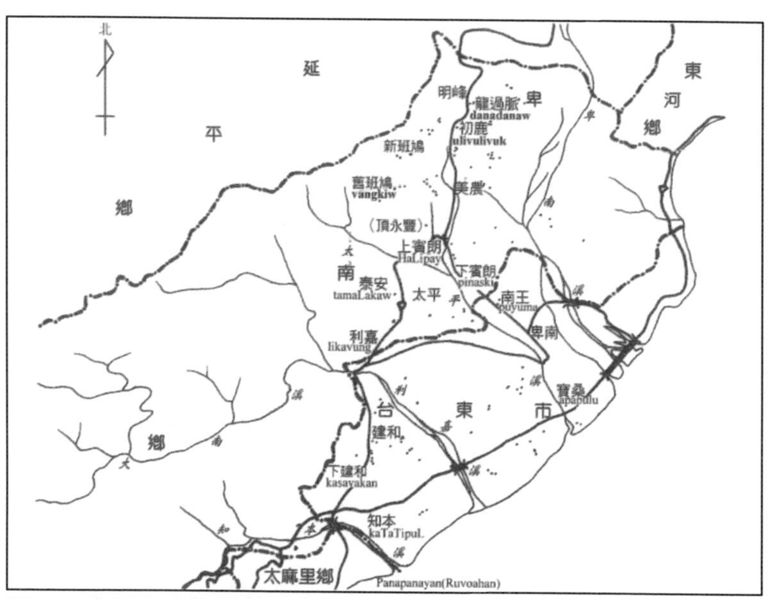

圖 2-1 今日卑南族聚落分佈情形。

資料來源：宋龍生（1998：56），引自陳文德（2001：19）。

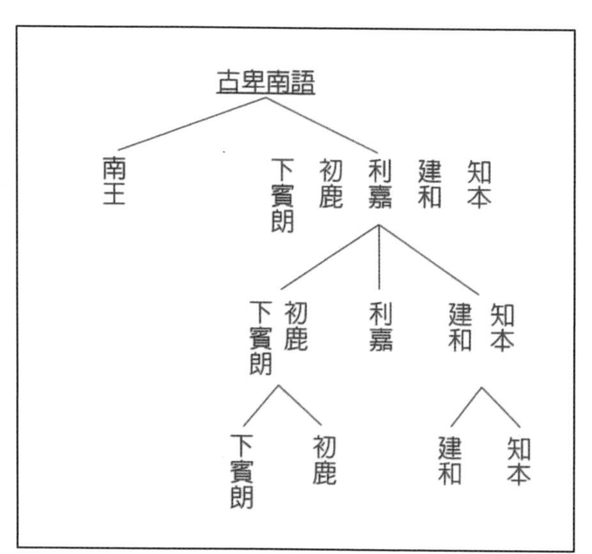

圖 2-2 卑南語各方言之間的關係。

資料來源：丁邦新（1978：341），引自陳文德（2001：27）。

二、卡大地布部落之起源與建立

前文述及，卑南族內部再分為竹生與石生，各以南王和卡大地布部落之口碑傳說做為代表。《祖靈的腳步：卑南族石生支系口傳史料》所紀錄卑南族的起源傳說如下：

> 台灣島本在海洋底下，綠島和蘭嶼之間曾有陸地；洪水泛濫後，原來的陸地沈沒，台灣島浮出海面，所有生物和太陽、月亮都被淹沒，只剩五個兄弟姊妹存活，漂浮於海面。當時天空一片昏暗，五位兄弟姐妹中名為 Humin 之男被推上天成為太陽，名叫 vulan 之女則成為月亮，其他三位漂流至台灣島上稱為 ruvuaHan[7]之地。三位登陸者為 sukasukaw（男）、tavatav（女）和 paluH（女），他們往北探勘，至 kavulungan（大武山）時，paluH 因走不動而自願留在 kavulungan 定居。sukasukaw 與 tavatav 繼續返回 ruvuaHan，sukasukaw 以竹竿為拐杖，到了 ruvuaHan 便插竹竿入地，竹竿立刻長成竹林。
>
> sukasukaw 與 tavatav 為繁衍後代而請示太陽，太陽指示兄妹須成親。兄妹同房後生下異形體，即魚、蝦、蟹、飛禽；太陽交代應將魚、蝦、蟹放生至河裡，作為日後的食物與祭祀品，飛禽放生至田野，未來上山或遠行作為鳥占之用。太陽再指示兄妹應以隔板穿孔方式行房，兄妹遵行之後，生下不同顏色的卵石，並從石中迸出人來；白石生出漢人，紅、綠、黃石生出不同種族的西洋人，黑石生出台灣原住民。

[7] 即本章註 3 所提之 Revuavua'an，此處為原文使用之拼寫方式。

Sukasukaw 也常前往探訪 paluH 並與她同房生子，所生的石頭再生出排灣族的先祖。

黑石生出的人稱為 valis，是變形人，眼睛長在膝蓋上，婦女孕處在小腿，胎兒從大拇指出生。Valis 的祖先是男子 TinaHi（腸子）和女子 pedek（肚臍），他們的子嗣彼此結合，在 ruvuaHan 附近形成聚落，這些聚落的後代是知本、魯凱族、阿美族、南王部落的 valangatu、pasaraHad、sapayan 家族，以及巒山一帶的族群。（摘自曾建次編譯，1998：21-29）

此傳說敘述知本部落先祖之石生由來，同時顯示了知本部落與鄰近其他族群，甚至漢人和西洋人都是出於同源。此則起源傳說在文獻中尚有其他版本的紀錄，可見《臺灣高砂族系統所屬之研究》（移川子之藏等，楊南郡譯注，2011[1935]）和《臺灣原住民史 卑南族史篇》（宋龍生，1998）所收錄之三個版本。上文所引內容與宋龍生書中版本之報導人有所重疊，惟各版本記述內容之詳盡程度和翻譯有些許差異。卡大地布部落的起源傳說和遷移過程尚有多則完整紀錄[8]，本文僅取此則起源傳說作為背景瞭解之材料。

口碑傳說中的祖先經過家族各自分立和數個世代的遷移，形成了卑南族各個部落。其中，知本部落和建和部落的開創者是姊弟關係[9]；當知本部落的祖先居於 Kazekalran[10]時，建和部落的祖先欲回到 Kazekalran 與知本部落「kuTipuL」（合併）遭拒，於是在

[8] 可參閱宋龍生（1998），其將部落歷史劃分時期，並將起源神話整理分類和版本比較、繪製系譜圖表，甚為詳細。

[9] 口碑傳說之紀錄，建和部落是姊姊 tuku 的後代，知本部落是弟弟 sihasihaw 的後代。

[10] zekar 意為「部落、村子」，Kazekalran 地名語意為「真正的部落」，因此族人以「屯落」稱之。此地位於知本青林山區，屬射馬干山。（林金德編著，2016：122）

Kazekalran 偏低處建立部落，並取名 Kasavakan[11]；之後，知本部落慢慢從 kazekalran 往下移居，而使用 kuTipuL[12]為名（曾建次，1998：83-84）。另有一說為知本部落向下移居，與建和部落 korpatiporl（並列），所以知本部落的族語名稱是 Katipol（移川子之藏等，楊南郡譯註，2011[1935]：420）[13]。

卡大地布部落名稱歷經多種拼寫方式[14]，在 2013 年底經部落會議決議正式正名，羅馬拼音書寫方式為 Katratripulr，據原意引申有「在一起」、「團結」或「合作」之意[15]。至於「知本」一漢語地名乃後人取 tipul 之音譯。

三、人口結構

卡大地布部落目前為卑南族與漢人混居之聚落，合計兩個里的人口組成，百分之三十五為卑南族，百分之六十五為漢人[16]；其中漢人包括日治末期和光復後由西部大量移入的閩南人與客家人，以及 1960 至 1970 年代由退輔會所組，前來東部拓墾開發後留下定居的外省人。聚落雖為原漢混居，但在空間上有顯著的區分，請參閱第一章第 13、14 頁。

---

11 Savakan 為「內側」、「偏低」之意。（曾建次，1998：85）

12 此處使用曾建次（1998）所使用之拼寫法。

13 此處語意採用楊南郡譯註版本，然「korpatiporl」及「Katipol」在楊版本中記為「korpatipo」和「Katitol」，筆者據發音推測楊版之拼寫可能為誤植，故採 1935 年原版之拼寫法。

14 文獻和日常使用中曾出現過 Katipul、KaTipol、Katripulr、KaTaTipuL 等拼寫方式，漢語記音「卡地布」。

15 2018/7/27 孫大川先生於筆者論文口試時，提出關於卡大地布部落名稱語法意義，應非上述資料之解釋。其說明為 Tipulr 是荷蘭時期即存在的地名，前方加上 ka 代表「真正的」、「更」，乃加強語氣之意，再加上 tra 則進一步強調表達「真正、真正的 Tipulr（的人）」；建和部落名稱 kasavakan，在 savakan 前加上 ka，同樣是加強語氣，代表「更裡面」之意。

16 根據政府開放平臺 2016 年 10 月份人口統計數據之戶數資料。

四、經濟型態

卑南族人的傳統經濟型態為農業種作，以小米與雜糧為主食，打獵、採集亦為生計來源。日治時期引入水稻及農業耕作技術，改變了卑南族人的種作模式，光復之後，種植小米且做為主食者已相當少見[17]。

1960年代（民國50年代）以後，隨台灣經濟轉型，年輕族人為求生計與發展，開始了往台灣西部都會區工作的潮流；而留在家鄉務農者，也因水稻經濟價值漸失而轉向栽種經濟作物，如釋迦、檳榔、荖葉、杭菊等。部落中的從業取向依照性別有大致的區別，婦女常以換工團體的模式，一起採荖葉、排荖葉，男性則從事水泥、油漆、木工等勞力技術工人者多，選擇成為職業軍人者亦有不少。

農業之外，知本地區因溫泉享負盛名，溫泉旅館業盛行，也成為部落族人的經濟來源之一（陳文德，2001：103），舉凡服務生、水電人員、房務人員、管理階層、廚房人員等，都可見到族人的身影，飯店的原住民樂舞表演更是許多卡大地布族人為生計打拼的共同記憶，直至今日依然運作不息。

經觀察，筆者認為經濟型態不但直接影響部落族人的生活模式，也間接影響了族人對於天主教信仰生活的想法，以及現實生活的行為實踐，此部分將於第三、四章分析討論。

---

[17] 此轉變過程詳請參閱《臺東縣史・卑南族篇》（陳文德，2001：62）。

五、社會組織

（一）親族結構

卡大地布部落最初由 Tuku 和 Sihasihaw 姐弟所創之兩大領導家族（宗家）所構成，Tuku 創立 Pakaruku 家族，Sihasihaw 則創立了 Mavaliw 家族；由於姊弟二人相處不睦，Pakaruku 家族曾離開知本一段時間，後來才返回知本，因此知本一直以 Mavaliw 家族居長，掌握領導優勢。（宋龍生，1998：319）

大約在清朝時期，知本加入了一個新的領導家族─Ruvaniaw。Ruvaniaw 家族原先從屏東來義鄉遷到 Maludep（太麻里溪南邊新香蘭村西方山麓）社，再從 Maludep 遷到 Lungduan（太麻里鄉舊香蘭南方二公里處的小廟將軍府山麓上）。因 Lungduan 發生瘟疫而搬離，行經 Tupi（今台東市建興里菁仔林）時被 Mavaliw 家族勸留，部分人留下之後，另一批人繼續往北走，到了建和部落的 Sinalikidan（今建和部落後方之果園地）時，被建和人慰留。因此現在知本和建和部落都有 Ruvaniaw 家族後裔。Ruvaniaw 家族屬於排灣系統，當他們融入知本社時自覺是外族，便把家園設立在 Kaviyang（知本崎仔頭後方軍營地帶），住在離 Mavaliw 和 Pakaruku 兩家族稍遠之西南地方（曾建次，1998：149-151）。

在日治時期以前，知本社已集中搬遷到部落現址，並由上述三大家族─Mavaliw、Pakaruku、Ruvaniaw 所領導，每一家系各自擁有 karuma'an（祖靈屋），也建立了自己的 palakuwan（成人會所）。karuma'an 與親族繼承和祭祀密切相關，以下先詳述 karuma'an 之意義，palakuwan 於下一部分介紹。

karuma'an 的意思是「真正的家」或「本來的家」，多指祭祀用的小屋；在知本，karuma'an 可分為三種類型。第一種是由三個領導家系各自看管，由家族中選出合適者擔任 rahan（司祭長），負責管理和舉行年度中一切與整個家族有關的祭儀，包括收穫祭、年祭、除喪、播種、除草、祈雨等[18]。第二種為 pulingau（巫師）專屬的祭祀小屋，用以進行與個人有關的儀式，如出生、疾病、結婚、遷居、家族祭祀、找尋失物等；每一位 pulingau 成巫之時，都必須搭建一座屬於自己的 karuma'an[19]。第三種是屬於個人家族傳承[20]的 karuma'an。由家中長嗣繼承母親的 karuma'an，至於父方的 karuma'an 只傳承至父親一代，不會延續下去，亦即主要的繼承軸線是母方的 karuma'an，而接管 karuma'an 者還必須是祖先暗示的適任者，不可隨意接管。（陳文德，2001：113）

知本三大家系早先各自擁有的 karuma'an，即為上述第一種作為部落性祭祀場所之用途。1950 年代天主教傳入後，三大家族的 rahan 和幾位資深 pulingau 加入天主教，部落祖靈屋用地原有大大小小一百多座祖靈屋（圖 2-3），為了蓋建教堂而往旁側遷移，遷建後尚有二十至三十間祖靈屋[21]。後來 Ruvaniaw 家的祖靈屋無人承繼而廢弛，Mavaliw 和 Pakaruku 家族的祖靈屋仍存；1978 年，Pakaruku 家的 rahan 過世，直到 1980 年才由 Mavaliw 家系的族人接任 rahan[22]，由於遷建處用地又賣給漢人，這位接任的 rahan 於是

[18] 部落歲時祭儀將於本章第二節介紹。
[19] 原則上設立在 pulingau 住家旁的空地。（陳文德，2011：12）
[20] 領導家族之下可再分為次級的宗親家族（小宗家），各小宗家可自建祖靈屋，為單一祭祀單位。
[21] 2017/7/22 田野筆記。口述：林金德，地點：建業里。
[22] rahan 並非家傳，而是經 pulingau 請示祖靈選任之。

把兩家祖靈屋再遷建到自家住屋後方空地（圖 2-4）。2001 年初，前述 rahan 過世後，族人在今部落文化園區[23]重建三大家系的祖靈屋（圖 2-5），同年 8 月下旬舉行祖靈屋落成及三大家系 rahan 就任儀式。（同上引：11-12）然而新任 Mavaliw 家族 rahan 在 2003 年初驟逝，經 pulingau 舉行儀式詢問，方得知 karuma'an 不可連棟建造，且必須朝向日出之方，於是在 2006 年於園區內面向東方之空地再次重建祖靈屋[24]。第二次重建的祖靈屋於 2007 年 7 月小米收穫祭正式啟用（圖 2-6），同時舉行 Mavaliw 家族新任 rahan 就任儀式（同上引：12）。三大家族的祖靈屋在部落文化園區內重建之後，開始有族人在園區空地上建蓋小規模、屬於個人的祖靈屋，也就是上述所提及之第三種類型的祖靈屋（圖 2-7）。

以上提到第一種和第三種類型的祖靈屋都是祭祀單位，不過當遇到重大部落祭典時，必須由三大家族的祖靈屋率先舉行，其他宗親家族才可進行應行之儀式。知本部落三大家族與其宗親家族的關係如表 2-2。karuma'an 的重要性除了上述部落內部親族與祭祀上的關聯，在以往的文獻中，karuma'an 還被認為是卑南族的一個重要社會文化特質，同時也是作為一個族群的「卑南族」與鄰近其他族群的重要區別（陳文德，1999：4）。

[23] 卡大地布部落文化園區為知本國小舊址，現設有部落祖靈屋、青年會所、多功能活動中心、部落廣場、小教室（族人慣稱，該建築為第一代重建的祖靈屋），族人習慣以 palakuwan 稱呼整個園區範圍。

[24] 2017/7/22 田野筆記。口述：林金德，地點：建業里。

圖 2-3 知本天主堂現址，建堂前有大大小小近百座祖靈屋。
圖片來源：趙川明、姜國章 撰（2013：229）。

圖 2-4 rahan 自家住屋後方空地的祖靈屋。
攝影：陳映君，日期：2017/7/23。

圖 2-5 2001 年 8 月落成的祖靈屋（現做為部落山林巡守隊辦公室和儲物之用）。
圖片來源：陳文德（2011：12）。

圖 2-6 2007 年 7 月啟用的祖靈屋，自左而右為 Pakaruku、Ruvaniaw、Mavaliw 家祖靈屋。
攝影：陳映君，日期：2016/7/23。

圖 2-7 個人家族傳承的祖靈屋。2007 年新的部落三大家族祖靈屋啟用後，漸漸有一些族人在三大家族後方搭建個人傳承的祖靈屋。
攝影：陳映君，日期：2017/7/23。

表 2-2 卡大地布部落親族團體

領導家族	宗親家族或小宗家
Mavaliw	Mavaliw、Rupurupung、TaTaLian、LumaLadas、Patok、Paramra、Valius、Katalpan、Kalfulan、TaruLivak、Kivalian、Pararao、ToLiapang、Raungudan、Rupunayan、Pasolivay、TaLialup、Pulitang、Pararuman、Malihilihi、PaHariu、Kazangian
Pakaruku	Pagaruku
Ruvaniaw	Ruvaniaw
Amis	TuLan

資料來源：陳文德（2001：114）。製表：陳映君。註：表中 Amis 為光復後都蘭阿美人入贅者多，因此另成立一親族團體，但未建立 karuma'an。（同上引：113）

（二）部落組織

上一部分提及卡大地布部落由三大領導家族組成，並各自擁有 palakuwan（成人會所，以下簡稱會所）。在傳統上，會所是部落中未婚男子（包含鰥夫和離婚者[25]）的居所，也是男子接受教育與訓練的地方，並由 rahan 所領導，負責守護土地和部落安危，以及協助部落事務的執行，意即對內負責公眾事務，對外處理公共關係（如往昔征戰、收取供品等），因此會所具備了政治、軍事、教育、經濟、社會等功能，可說是部落內最重要的組織，也是卑南族男子邁入社會化的關鍵。（林頌恩，2004：146）

會所內有嚴密的年齡組織與訓練過程，男子在各個年齡階段有相對應的責任、義務和權利（請見表 2-3）以及衣著，完成會所訓練後才得以被視為一個「真正的男人」，而具有與女性交往、結婚的資格。婚後之男子為人父執，其社會責任轉為家庭和宗親家族。嫻熟與熱心部落事務者，自然形成長老團組織，成為會所年輕人的指導者與顧問。部落公眾事務通常即由 rahan 和長老議決[26]之後，交由會所青年執行。（同上引）

[25] 結過婚的男子於離異或妻子過世後恢復單身狀態，可選擇再婚、回到自己本家或居住於本家的會所，在會所的生活當中具有管教每一人的權利。他們雖回到會所居住，但性質上不屬於會所年齡階級的分別。（林頌恩，2004：146）

[26] 陳文德（2001：69）亦提及長老對於部落事務的重要性：「老人是攸關部落重要事務的諮詢對象，甚至是決策者」。

表 2-3 傳統卡大地布部落男子會所的年齡級與社會責任[27]

會所分級	級名	說明
少年會所／少年級	takuvakuvan（約 13-15 歲）	男子成長至體能得接受訓練時，即進入少年會所開始團體生活，接受膽識與服從訓練，為日後進入青年會所的基礎作準備。 主要經由每年的少年猴祭加以訓練日後護衛部落的作戰態度。猴祭當中射猴、抓猴、競跑等過程，皆為訓練少年的戰鬥體能及面對敵人的能耐。
青年會所／青少年級	valisen（約 15-17 歲）	男子進入青春期後即具備加入青年會所的資格。此為青年會所最低層級，屬最艱苦的服役期，必須服從上一級的管教及長輩的指導與要求，學習各種內在精神和意志的鍛鍊，如禮節、服從、膽識、謙卑、忍耐等等。 為部落公差、守衛、傳令兵等，部落有任何需要打雜、跑腿、服勞役、報訊息、聽候老人差遣等差務，皆由 valisen 擔任。 以往也要學習各種狩獵、耕作、建築及戰鬥技術來保衛部落。
青年會所／青年級	venangsangsar（約 18-20 歲）	主要擔負指導 valisen 的工作，可以不用像 valisen 時期那麼辛苦，預備晉升至下一級。
青年會所／壯年級	kavangsaranan vangsaran（約 21-23 歲）	接受 venangsangsar 訓練期滿後即可升入此級，意指「真正的年輕人」，具備戀愛、與女子交往、結婚的資格。婚後離開會所生活從妻居。
青年會所／成年級	maradawan ma'iza'izangan（約 24-26 歲）	年紀大的未婚者是會所的領導層，主管會所的事務與教育，隨時注意部落的需要並以行動因應。

資料來源：林頌恩（2004：147）。

[27] 此處資料雖為表達「傳統」之樣貌，然而當中級名所對應的年齡，是當代人以現代「數」的概念做出劃分，昔時會所年齡級之真實情況，各階級所涵蓋的年齡層或許更為廣泛或模糊。

卡大地布部落的會所在歷史的各個時期，經歷被禁止、失落、重建等過程，直到今日完整、興盛而團結（今日會所樣貌請見圖 2-8），會所的各個歷史階段，反映出各時代的政權對於部落會所組織的態度，而族人不斷想要重建會所的態度則可見部落自身的能動性；其中，天主教會在 1960 年代協助重建會所，雖形式與傳統上略有不同，運作的時間也稱不上長遠，但筆者認為天主教會協助重建會所一事，呈現了天主教會的神父對於部落文化的積極，教友尋求神父的協助，也隱含教會在當時是具有能力和影響力的意義；關於天主堂協助會所重建過程，請見第三章第二節之敘述。表 2-4 簡要說明卡大地布男子會所的歷史沿革。

圖 2-8　卡大地布今日之會所，左為高杆欄式 takuvakuvan（少年會所。原為竹子、茅草搭建，2016 年尼伯特颱風後嚴重毀損，今改為現代建材，外表再覆蓋竹子、茅草），中為 palakuwan（成人會所），右為防禦警戒用瞭望台。

攝影：周紋伊，日期：2020/7/17。

表 2-4 卡大地布男子會所歷史沿革

時期	主要概況／事件說明
口傳史時期	部落遷徙到 Kazekalran 時確立了會所制度，會所的運作使卡大地布兵強力盛，極盛時期有許多部落需前來納貢，此優勢地位直至十八世紀末期由 Puyuma（南王）部落取代。之後，Pakaruku 和 Ruvaniaw 家族加入卡大地布部落，各有會所，至晚期時 Ruvaniaw 人數過少，併入其他兩大家族的會所。
日治時期	1900 年公學校教育在知本設立，取代會所原有的教育功能。日人禁止獵首習俗，並要求 Mavaliw 和 Pakaruku 的會所合併以便管理，新的會所為水泥建築物，即知本農會現址。日人更刻意另選部落領袖，以削弱 rahan 以及會所在政治及部落事務上的重要性。
1945-1959 年	水泥建築的青年會所因與傳統會所落差過大，轉讓給農會使用[28]。族人另於農會旁以鐵皮與竹子搭建一小型青年會所，以作為訓練之用。此時期發生會所因 valisen 階級不符常規而被懲罰之事，家長出於心疼向派出所告狀，外省籍警員在未理解習俗之下阻止會所管教方式和聚會。至戒嚴時期，政府禁止任何國民黨以外之集會，加上兵役制度取代了會所原本的功能，使得會所的運作難以維繫。
1959 年	青年會所不再使用，會所建築物和土地被農會職員全數佔有或購買，變更為其他建地用途，會所從此消失。
1962 年	天主教友向當時天主堂本堂神父陳述會所之意義與重要性，神父向國外募款協助重建會所，地點設於知本天主堂的道宏幼稚園現址，全名為「知本天主堂公教青年館」，會所形式與以往略變，並增設婦女縫紉班和理髮班。
1962-1968 年	valisen 階級不願接受長者希望恢復以往嚴格的管理方式，而 vangsaran 階級態度不認真[29]，會所秩序漸失，加上新上任的 venangsangsar 階級男子適逢服兵役潮，valisen 階級無人管教，會所宣告解散。
1968-1974 年	會所制度雖然解散，但有幾位年輕人因天主教的青年會[30]仍維持聯繫。此期間因無會所，自然也沒有會長[31]，戒嚴期間只剩

[28] 當時族人普遍貧窮，農作物又遭嚴重病蟲害，農民為取得農藥、肥料及其他農用品，必須用牛車遠赴卑南農會搬運，往返需耗時一整天。有鑑於此，老一輩知本知識份子與農會共商在知本地區設立農會服務站，會所空間當時無人使用，遂轉撥給農會使用，以體族人生活所需。（曾建次，1998：168-169）

[29] 因先前會所消失，故此時期的 vangsaran 階級其實沒有機會接受完整的會所訓練。

[30] 類似於基督新教青年團契的概念，天主教普遍使用「青年會」之名稱，表示教會中青年聚集的信仰團體。由於卡大地布過去多數人信仰天主教，青年會一詞便成為習慣稱呼，至今已是部落中有參與會所的年輕人之整體稱呼，會所年輕人對外也以「卡大地布青年會」自稱。

[31] 會所的領導者，卑南語為 ayawan，由 vangsaran 階級中遴選合適者擔任。

時期	主要概況／事件說明
	小米收穫祭和過年的聚會，內容都僅有歡慶娛樂性質，做為維繫族人情感與傳統文化的主軸。
1975-1976 年	1975 年，幾位部落青年因天主教會的關係認識了其他部落青年，受邀到別的部落參加年祭而得到震撼和刺激，決心回到卡大地布，從小米收穫祭著手，籌劃恢復傳統祭典，於是開始拜訪 rahan、和老人家討論、請教收穫祭相關事宜。1976 年，年輕人嘗試舉辦小米收穫祭。
1977 年	確立年輕人地位與會長權力。
1977-1991 年	此時期年輕人和部落長輩、族人不斷溝通磨合，嘗試將收穫祭舉辦完善。
1992 年	知本部落受邀到國家戲劇院展演[32]，族人深受衝擊，激發日後的行動能量。同年，年輕人到奇美部落參訪，被奇美年輕人對於文化認真的態度感動，回到部落重新組織青年會，開始學習除喪祭[33]。同年針對收穫祭內容詢訪老人家、整合經驗和文獻紀錄，規劃成為如今為期一個禮拜的模式。
1993 年	年輕人在知本國小舊址（部落文化園區現址）重新搭建 palakuwan，並將小米收穫祭場地由天主堂更改至現文化園區。
1994 年	確立青年會會長為三年一任[34]。
1995-2002 年	1995 年恢復少年猴祭，重新建立少年階段的訓練。1996-1999 年，青年會由男女青年組成，並設有女副會長。1999 年起青年會成員僅限男性。2002 年重建少年會所於祖靈屋和成人會所之間，卡大地布族人舉行歲時祭儀的場所架構至此完整。
2002 年至今	會所制度配合部落事務穩健運作。不同時期的會長有各自領導風範，並以各種形式嘗試並實踐部落教育。

資料來源：曾建次（1998：167-171）、林頌恩（2004：145）、鄭丞志（2006：37-69）、陳文德（2011：9）、陳映君田野資料（2016-2018）。

[32] 國立中正文化中心在劉鳳學擔任主任時期規劃的「台灣原住民族樂舞系列」展演計畫，由明立國和林麗珍、虞戡平等人主導，以田野採集方式，邀請卑南、阿美、布農和鄒族等原住民族歌舞表演者共同呈現，卑南族表演為 1992 年 8 月 21 日，主題是「台灣原住民樂舞系列—1992 卑南篇」。（羅小婷，2008：80）

[33] 卡大地布部落除喪祭其實沒有真正中斷過，但都以 rahan 和中、老年人為主體，於是漸漸式微；此處筆者使用「學習」而不用「恢復」除喪際，代表年輕人加入、參與原有除喪祭的行列。

[34] 在此之前青年會長每年一任，辦完收穫祭就改選，導致每一年負責的會長都還在學習狀態，難以傳承或帶領青年，部落 rahan 和曾建次主教出面解釋青年會的意義，並召開部落會議，決議青年會長三年一任，以未婚者擔任為主。（林頌恩 2004：145）

以上關於會所制度介紹可知，傳統上男子從小在會所集體生活、接受訓練、學習部落各種事務，可謂一生與 palakuwan 緊密連結。至於女性的長成與學習，則與男性相當不同，往昔女性掌管家屋中一切事宜，負責所有農事，男性只負責開墾和上山打獵。男性平日居住於會所，直到婚後才住進妻家。（陳文德，2001：111）女性因從妻居以及負責農事的生活型態，造就女性從小在家，甚至婚後皆隨母親學習，在部落則有女性長輩集體教導的學習環境。相對於男性完整的年齡級與成年過程，女性較無明顯分級，但仍有依成長階段所對應的稱呼（請見表 2-5）。（林頌恩，2004：172-173）

表 2-5 知本卑南人的年齡階段[35]

年齡分級	男性級名	女性級名	年齡
嬰兒期	ve’enin	ve’enin	1 歲以內
幼兒期	kemawakawang	kemawakawang	2-9 歲
童年期	lralrakan	lralrakan	10-12 歲
少年期	takuvakuvan	maituvilran	13-17 歲
青年期	valisen（見習期）	vulavulayan	18-20 歲
	venangsangsar		21-23 歲
	vangsaran（可婚）		24-26 歲
壯年期	maradawan	mituruma’an	27-35 歲
中年期	musavasavak	tainayan	36-55 歲
老年期	ma’izangan	maizangan	56-59 歲
耆老期	temuwan	temuwan	60-69 歲
耆齡期	dawadawan	dawadawan	70 歲以上

資料來源：陳文德（2011：111）。

[35] 同本章註 27 之概念，此處資料當中之年齡欄位，是以現代的概念與昔時大致對應，傳統上對於年齡各階段的劃分並不一定如表中明確而制式。

卑南族傳統上認為結婚是女子生命轉變的關鍵，女性在家庭和部落的地位因婚姻而有明顯變化，結婚可說是卑南女子的成年禮，也是承擔家庭社會責任的開始，因此女性一旦結婚，就自然成為部落婦女會的一份子，對家庭和部落事務有所責任。（石婉筠，2009：59）昔日農業社會型態，女性負責操持農事，當有些工作需要大量人力（例如除草、採收等），婦女們便組成農事換工團（簡稱婦女幫團），集結人力以工換工，輪流各家幫忙農事工作。

現今部落隨時代變遷轉為父系社會和工商社會的型態，使用傳統的女性分級名稱對部落而言並不是熟悉的用法，婦女幫團的組織型態隨經濟作物的種植而延續，因此在婦女的團體劃分上相對重要，加以天主教會在部落的發展，影響了卡大地布女性分級的稱呼方式。由於負責教堂事務如打掃、煮飯等以女性為主力，曾建次主教在擔任知本天主堂本堂神父時，為便於分工，使用大、中、小班的稱呼為婦女分級，至今部落婦女會依然沿用這樣的名稱而成為習慣；不過此分級法並不嚴格，主要以個人和群體的人際互動為原則，不受實際年齡限制[36]（林頌恩，2004：173-174），筆者田野調查訪談得知分級名稱也可新創，例如近年新增的幼小班、妹班。女性年齡階段之名稱及現今婦女會慣用稱呼請見下表2-6。

---

[36] 卑南語以 anay 稱呼女性同儕，彼此互稱 anay 者通常為差不多年紀(大約以 3 歲為區間)，一同長大的好姊妹、好玩伴。婦女會的各班即以彼此稱呼 anay 的團體做為分級。

表 2-6 卡大地布女性傳統年齡階段及現今慣用名稱與部落事務參與概況

年齡（歲）	年齡級名	級名意涵	現今年齡層／慣用名稱	部落事務參與概況
13-17	maituvilan	女童	國小至國中二年級的女孩	因年紀較小，參與較被動，需要有較長的年輕人召集或帶領，才會參與部落活動。
18-26	vulavulayan	未婚女子、美麗的小姐	國三以上的未婚女子／妹班（幼幼班）	多為學生，和婦女會一起參與部落工作，但成長至大學階段多赴外地求學，只能利用假日返鄉參加部落活動。
27-35	mituruma’an	已婚者	40 歲以下的新婚至中生代已婚者／幼小班、幼班	因年紀輕且孩子較年幼，家庭、經濟較為繁重，加上近年從事服務業者多，休假時間較無彈性，對部落事務參與情形多為有動員會參與，不見得全程參與。
36-55	tainayan	為人母者	40-55 歲中青輩已婚者／小班	正值人生壯年，熱心者為婦女會重要幹部，為部落事務的參與主力，負責大班、中班婦女所交辦的工作。
56-59	ma’iza’izangan	年長的、長一輩的	55-60 歲左右已婚者／中班	因對於部落事務經驗成熟，且生計性質多偏向農事，能自主分配的時間較具彈性，因此是部落事務的參與主力，熱心者為婦女會重要幹部。
66-69	temuwan	為人祖父母者	60-70 歲左右已婚者／大班	孩子已成年，較有時間處理或參與部落事務，具有指導、顧問或發號施令之地位。
70 起	dawadawan	年老、老一輩的	70 歲以上已婚者／老班	因年長體力下降，較少參與部落活動，但若身負特殊職責如擔任 pulingau 者，仍會視部落需求參與部落事務。

資料來源：林頌恩（2004：174）、陳映君田野資料（2016-2018）。

卡大地布部落目前的組織除了上述傳統青年會所和婦女會以外，受到原運浪潮影響並因應時代需求，部落於 1998 年成立文化發展協會，做為部落對外來資源的窗口，並加入協助部落事務運作的行列；文化發展協會的成立與天主教會亦有相關，而兩者在部落的角色也隨著時代轉變，詳請見第三章第三節及第五章第二節。部落中傳統與新興組織的運作模式，仍維持卑南族原有的社會秩序架構，以三大家族 rahan 為部落最高領導，結合長老團作為顧問，指示部落各組織互相分工、配合，同心齊力執行部落事務。

第二節　卡大地布部落傳統信仰與祭儀

一、傳統信仰

（一）宇宙神靈觀

在知本卑南人的觀念中，宇宙被分成兩個部分，一是肉眼可見的世界，即穹廬、海洋、陸地；一是肉眼無法見得的世界，即穹廬的另一端和陰間。這兩個世界都有居住者，但前者住的是人類，後者住的是超自然存在者（superhuman）。（山道明、安東原著，陳文德主編，2009：20）此處所指超自然存在者，卑南族語稱為 viruwa（神祇）。至於人類，人的靈魂稱為 tinavawan，善人的 tinavawan 會升天，惡人的 tinavawan 則入地[37]；發夢是

[37] 根據筆者田野調查，報導者敘述在卑南族傳統觀念中，人死後的去向是不得而知的，也沒有地獄觀；而另一則文獻提到「頭目、巫師及不知女色者之靈上升入天堂，而凡人之靈則入人世、或入犬界、或入蜈蚣界、或入鳥界、或入蛇界」（河野喜六原著，中央研

tinavawan 所為。（佐山融吉、小島由道原著，中央研究院民族學研究所編譯，2005[1913]：95）

viruwa 包含了大自然的神、天地與四方之神、造人之神、祖先以及死者之靈等，且有善惡之分，善神或善靈是祈福對象，惡神或惡靈則設法避之。viruwa 既是祭祀對象，也攸關日常禍福，當族人常發性地身體有恙、事情不順或家庭不安，往往被認為是因為在祖先的祭祀上有所疏忽，或是觸犯神祇之故。因此為了防止發生不幸，必須遵守禁忌，或祈求神靈與祖靈庇佑；若是日常小事，則可由當事者自行為之，但若是重大事件如重病、喪葬則必須由儀式執行者施行儀式。（陳文德，2010：87）至今筆者走訪部落時，仍聽聞許多族人回憶自己年輕時，凡是運動會競賽、考試、外出郊遊等，家中長輩都會特為祈求神靈保佑，或給予特定葉片作為護身符攜帶的經驗。表 2-7 為目前文獻紀錄中所載以及筆者田野調查得知的卡大地布部落 viruwa 名稱。

究院民族學研究所編譯，2000[1915]：313），因此筆者認為此處的「下地」可能是與「升天」相對的概念，並不是一般所想的地獄空間或進入地底。

表 2-7 卡大地布部落 viruwa 名稱與釋義

名稱	釋義
ka'itrasan／na ulra i kailangan i kaitrasan	最崇高者。原意為上面、天上。
Demaway／Demaway- 'emasi	創造者。所有東西都是祂做出來的。
Parevuwa'	創造者。從無到有創造天地萬物。
na pakuwamau-na pakuwaziu	宰制者。
pakatrau-pavensen	造人者。
mia'lrup	守護神。
Kavuyun、Kavuvul*	創造神。
Ru'asayaw、Vasakalan*	東方之神。在口傳故事中是一對砍取了父親首級的兄弟。
Mauraruy、Maurungulr*	西方之神。
temuwamuwan	祖先、祖靈。
kuwatreng	凶煞。不得善終者，死後身在陰間的孤魂，因得不到安息而成為惡鬼糾纏活人。
Palrar	漢人所謂的魔神仔。會對人類惡作劇，例如使人在山上迷路等。

資料來源：佐山融吉、小島由道原著原著，中央研究院民族學研究所編譯（2005[1913]：95）、曾建次（1998：19-20）、山道明、安東原著，陳文德主編（2009：20-21）、陳映君田野資料（2017-2018）。表中*號之欄位為筆者田野訪談時，以文獻中曾記載的 viruwa 名稱請教報導人，報導人表示不清楚確切意義，平常族人交談也不曾使用，但會在儀式經文中聽見儀式執行者使用的詞彙，並推測這些詞彙亦有可能是同義字並列[38]。

根據知本部落的傳說，人類的起源是由造物主（或造物神）所創造，在 rahan 和 pulingau 所使用的經句和詩歌可得知這些神的名稱，透過這些名稱可以瞭解到，卑南族的祖先認為有一位至高

[38] 卑南語中同義字並列的表達方式常出現於古老的歌謠、祭歌和儀式經文中。通常前一個字是常生活中的用語，意思淺顯；後者則是古語，意思較為深奧難解。（陳文德，1999：13）

的神，也就是造物神，但造物神如何創造萬物，並無口述承傳，只知族人對祂極為敬重。（曾建次，1998：19-20）領導 viruwa 的是 ka'itasan 或是 demaway。[39]僅次於至高神、造物神的是 mia'lrup，祂是守護神，統治並管理土地，今日部落有些族人會使用漢人的土地公概念加以解釋。自然的創造（自然力量、動植物）和文化成就歸功於 Parevuwa'，而 Parevuwa' 臣屬於 mia'lrup 之下。這些具有超自然能力的 viruwa 皆源於卑南族老祖先。（山道明、安東原著，陳文德主編，2009：20）

有些 viruwa 的名稱由地名作為代稱，例如筆者以《蕃族調查報告書》中所載「Ruvuwan'an 之神」[40]和「Kaurasan 之神」請教報導人，報導人解釋 Ruvuwa'an 和 Kaurasan 都是地名，Kaurasan 是 pulingau 所使用經文中會提到的天堂之地[41]，此二處地名泛指祖先。筆者比對文獻資料，認為此應為《知本卑南族的出草儀式：一個文獻》當中所敘述：「卑南人把他們一些神話和故事中所提的老祖先以及一群沒名沒姓的祖先也視為超自然存在者。這些古老的祖先常常通稱為 Revuavua'an 或是 ringsukan，Revuavua'an 意指發祥地，ringsukan 是要祭祀屋宇地基神的小祭臺；這兩個地名都擬人化了。」（山道明、安東原著，陳文德主編，2009：20-21），惟筆者認為文中所表達之語法實際上應非屬「地名擬人化」，而是使用地名作為對祖先或神靈的代稱。

---

[39] 2018/7/27 筆者論文口試時，孫大川先生特別說明，表 2-7 所提及之「最崇高者」、「創造者」、「宰制者」和「造人者」實為相同，且無位階分別。

[40] 即 Revuavua'an，此採用原文拼音。

[41] 原意：很多露水的地方。只有神和良善且順利成巫的 pulingau 能夠在此居住。（2018/4/6 田野筆記，口述：尤二郎，地點：建業里自宅）

天主教傳入部落後，自然必須先為族人所理解，才能夠進一步被接納，族人是如何以原有的名詞概念對應和解釋教會的宇宙系統，天主教與卑南族原有的宇宙觀如何相融，使得族人能夠接受天主教，此部分留待第五章說明。

（二）儀式執行者

傳統上，卑南族的祭儀儀式執行者主要可分為三類：（1）負責部落歲時祭儀和為個人祈福的 rahan；（2）替人治病或解決困難的 pulingau；（3）以尋找問題癥結原因為主的 maelraw（竹占師）。（陳文德，2010：88）

在知本，rahan 和 pulingau 是祭儀的主要執行者；rahan 都是男性，而 pulingau 則是女性。根據筆者田野調查，知本的 pulingau 目前僅存三位，maelraw 只剩一位長輩，但因年事已高無力施行，maelraw 可謂失傳。關於儀式執行者的傳承，rahan 和 pulingau 通常皆出自領導家系，rahan 的承接必須經過 pulingau 請示祖靈而選任合適者，非由直系之間代代相傳；pulingau 則是經祖先揀選，透過一些徵兆或徵狀[42]，暗示其將要擔任巫師，並且由部落中其他巫師多次以儀式詢問，確認已過世的巫師中，有某位祖先明確示意要當事者繼承巫師工作。

至於儀式執行者對於儀式知識的獲得，rahan 主要是由學習而成，他們通常被認為多少具有某些特質，相較於他們的同胞或親人更有學習儀式知識的能力或適應力，因此才會被賦予 rahan 之職位資格。（同上引：89）pulingau 除了必須經過嚴格的揀選，還具

[42] 如：身體不舒服、重病、久病不癒、夢到祖先或某位過世的巫師，或是其他奇異夢境等。（陳文德，2010：89）

有特殊的「神質」[43]，再加以辛苦的後天訓練，才能夠成為獨當一面的巫師。pulingau 的培養過程，需要時刻跟著師傅（資深 pulingau），學習各種儀式經文和作法，甚至成巫後有一段時間也要繼續在師傅身邊學習。

pulingau 有自己的巫袋，平時放在臥房，巫袋中有成巫時得到的'inasi（巫珠）和儀式中常用的法器，包含檳榔、陶珠、鐵片（或鐵屑）等；祭祀常用的物品則另外準備酒、肉和'avay（傳統小米粿）；舉行祭祀時，pulingau 通常會擺設檳榔陣和祭品（請見圖 2-9）。rahan 也會擺陣祭祀，但不使用法器。

圖 2-9 pulingau 進行部落祖墳集體遷葬[44]之祭祀儀式。
攝影：陳映君，日期：2016/7/23。

[43] 這類型的人能夠感知一般人所未能經驗的超自然力量，此外，pulingau 也可說是一種「神職」，她們被揀選為為人服務者，無論學習過程或工作內容都非常繁重且耗費精力，常常無法兼顧家務和農事，對於有家庭的 pulingau 來說更為吃力。

[44] 2010 年，台東縣政府與台東市公所以都市發展及發展觀光為由，在無預警的情況下，計畫將知本族人長年埋葬逝世親人的第六公墓建造成公園。2012 年，縣府與市公所未取得部落同意及與族人溝通即自行發包工程，強制要求部落將祖墳遷移到台東市立殯儀館，並把地下層層堆疊的祖先遺骸視為無主墳處理。部落多次與公部門溝通未果，決議以實際行動宣示捍衛祖靈、拒絕遷葬，並數度上街遊行抗爭，甚至不惜與警方衝突。2014 年 3 月，部落與市公所、原民會、國有財產局達成共識，族人將祖墳遷移至殯儀館或就地環保葬，第六公墓原地改建為部落追思文化園區。

今日的 pulingau 舉行儀式時，雖然有時會以「附靈」方式向 viruwa 詢問事由，但大致上看起來與常人無異。不過筆者田野調查時，有多位報導人提到，過去所見的 pulingau 和今日完全不同，特別是在舉行儀式時，以前的 pulingau 會散發非常強烈的氣場，當有祖先附靈時，pulingau 的周圍是完全不能靠近的，小孩子看到都會害怕。今昔之差距，報導人多半認為這是文化漸失之故，愈近代的族人族語能力愈漸下降，在學習 pulingau 的儀式經文上明顯吃力，尤其經文中使用許多古卑南語，現代 pulingau 可能已經無法完全理解其中意涵，靈力自然不如以往，這也意味著 pulingau 正在快速失傳[45]。

綜合上述，儀式執行者是 viruwa 與人的溝通橋樑，祭祀時透過 rahan 或 pulingau 向 viruwa 祈求，希望能夠藉其力量在人間發揮作用；同時，個人生命的各個階段和疾病健康，也需要借助 pulingau 的力量得到保護或醫治，pulingau 對卑南族人來說有非常重要的心理與生理支持功能。在個人層面之外，卑南族的儀式靈力時常為鄰近幾個族群（阿美、排灣、布農）提及，也是長期以來卑南族在東部區域勢力強盛的因素之一，由此可見，儀式執行者的重要性不只在於部落內部安定，也是部落力量對外的一種展現。

今日族人多半接受漢人信仰或基督宗教，加上與外在社會長期接觸，以及 pulingau 傳承的失落，許多傳統祭儀消失，或即使恢復卻也不如從前，傳統儀式執行者在某些程度上已由其他宗教的儀式執行者（如神父或道士）取代；同時，傳統信仰也受到外

[45] 2017/11/23 田野筆記，口述：報導人 CA8、CA9，地點：建業里自宅。

來宗教影響而改變，例如 pulingau 加入天主教後，以灑聖水取代刮鐵片的動作，或是 pulingau 的儀式經文中出現漢人神祇等，這類事例留待第三、四章討論。

二、歲時祭儀

卑南族傳統的歲時祭儀環繞著小米種作的週期，對於'ami(年)的計算，以 mangayaw(大獵祭)的展開為始，配合著小米的播種、生長、除草、收割等程序，舉行相應的祭典或儀式，年復一年循環運行。

然而如前文所述，知本部落在歷經政權更替和外在社會變化之下，經濟型態改變、傳統習俗遭禁，內部組織也受影響而衰落，種種因素作用，使得原有的祭儀無法順利運行而式微甚或中斷。在過去的文獻中，有些研究認為基督宗教的傳入也是導致祭儀消逝的主因之一，但筆者認為，就部落歷史脈絡和基督宗教不同教派的傳教特質來看，基督宗教與傳統文化之間，是否只有「衰亡」此單一作用方向，必須深入釐清探討，此部分於第五章分析。

在經歷文化的失落之後，卡大地布因著原運浪潮所帶動的風氣，以及前述 1992 年赴國家劇院演出的契機，激發對於自身族群的意識和文化危機感，開始著手一連串文化復振活動，各傳統祭儀的恢復於焉展開。卡大地布部落目前舉行的年度歲時祭儀如表 2-8，並加入傳統農事月份工作做為對照；各祭儀意涵與內容於表後列點逐一簡介。

表 2-8 卡大地布部落傳統農事工作及現行歲時祭儀

卑南語月份名稱 （陽曆月份）	工作內容	備註	現行祭儀名稱
kawaluwan （一月）	katuhusan za dawa	tuhus 是「播種」，dawa 是「小米」	remavaravas 除喪祭
kaiwayan （二月）	katuhusan za dawa	播種小米	
kapuluHan （三月）	kalratuzan pangaway	pangaway 是「第一次」	Revuavua'an 祭祖、遺址尋根
ka'uma'umayan （四月）	kalratuzan za dawa 到田裡工作	'uma 是「田」，lratuz 是「除草」	
kazawayan （五月）	kalratuzan za dawa 到田裡工作		
katuluwan （六月）	kalratuzan za dawa 到田裡工作		
kaapatan （七月）	ka ra'aniyan za dawa	ra'ani 是「收割」	kavarasa'an 小米收穫祭
karuzuwan （八月）	kalratuzan za lumay	lumay 是「稻」	
karuvilivilin （九月）	kasaleman za vurasi	salem 是「種」，vurasi 是「甘藷」	
kalruwatran （十月）	katalaulepan za 'ilas	ule 是「休息」	
kauneman （十一月）	kasaleman za vu'ir	vu'ir 是「芋頭」	
kapituwan （十二月）	kara'anian za lumay	割稻	mangayangayaw 少年猴祭、mangayaw 大獵祭

資料來源：陳文德（2010：67-70）、陳映君田野資料（2016-2018）。

（一）mangayangayaw 少年猴祭

1995 年恢復舉辦。每年陽曆 12 月先於大獵祭舉行，參加主體是 takuvakuvan 階級（現行學制小學三年級至國中二年級），以抓猴、射猴、試膽等方式訓練少年戰鬥技能與膽識（圖 2-10），並在過程中教導傳統歌謠、遊街祝福等文化內涵。今日以草猴取代真猴，並加入同年齡女孩採花、編製花環、做傳統粿和傳統樂舞等的學習（圖 2-11）。

圖 2-10 猴祭時，青年教導少年學習射箭。
攝影：高信宗，日期：2017/12/9。

圖 2-11 猴祭期間，少女學習製作'avay。
攝影：陳映君，日期：2016/12/10。

（二）mangayaw 大獵祭

日治時期已中斷，在天主教曾建次主教推動之下於 1996 年恢復舉行，每年陽曆 12 月底 1 月初舉行，為期四天三夜。參加者為部落所有男性，該年度之中的喪家男子尤應參加，婦女嚴禁隨行上山。mangayaw 的意思有「出草」（獵首）之意，在過去即是獵敵首祭。大獵祭舉行之際通常也是小米播種期，因此 mangayaw 的戰功攸關來年的福祉以及作物豐收與否[46]。（陳文德，2001：71、117；山道明、安東原著，陳文德主編，2009：28、160）

大獵祭的過程為先在部落傳統鳥占區[47]集合，rahan 偕同獵人到部落外的千歲橋進行 semaninin（分離儀式），該儀式目的為使惡神及凶煞勿跟隨出獵的族人，同時祈求善神和野獸的創造者帶來成功的狩獵。到達狩獵營區後，進行 purinakep（招引儀式）和 dekiar（相見）祈禱，祈求讓獵人能夠收獲豐足。儀式結束後，喪家男子留在營區（但在營區的偏遠一角，與族人稍微區隔），其他族人上山打獵，傍晚攜獵物返回營區；晚餐後老人及所有獵人共同吟詩—pa'ira'iraw（傳述部落遷移史）和 semausaur（頌英雄歌）；夜間由青年在營區四周輪流守夜。（陳文德，2001：116-117）

婦女們在男性族人狩獵期間製作花環，到了男性下山歸來的日子，帶著編好的花環和上山者的傳統服飾，在鳥占區數日前搭蓋好的迎獵門（凱旋門）等待迎接，並為男性親人戴上花環、換上傳統服，慰勞他們的辛苦並慶祝狩獵圓滿凱旋而歸（請見圖 2-12、2-13）。

---

46 山道明和安東的研究中，提及報導人說明出草的動機和意涵，其中有「每年播種前必須出草。在所有播種前舉行的儀式中，出草總是居於首位」、「人頭對田地和播種具有重要意義。人頭和土地的肥沃有著緊密的關係。」以及「若沒有人頭，就沒有獵獲、幸運、收穫，......人頭是種子的夥伴」等說法。

47 依照傳統慣習，族人狩獵前會以鳥占是凶或吉，做為出獵之依據，鳥占區（卑南語 raruwanan）通常設於部落邊界，是「內」與「外」的交界。筆者 2017 年田野調查期間，鳥占區位於康定街往崎仔頭方向末端（族人稱「西門町」或「第三條路上面」區域），而後部落追思園區規劃刺球、鳥占、除喪等祭祀區域，2018 年追思園區落成，除喪即固定在追思園區舉行。現雖仍保有「鳥占」一詞，然實際上已不施行鳥占，族人對鳥占區普遍的理解是「做儀式的地方」，或是「除喪的地方」。

圖 2-12 族人於迎獵門等待獵人們凱旋歸來。
攝影：莊春美，日期：2017/12/31。

圖 2-13 大獵祭自山上歸來的男性由親友戴上花環，花環愈多者代表功勳愈多，或是愈受愛戴。圖中為卡大地布部落前任（左）及現任（右）青年會長。
攝影：高信宗，日期：2017/12/31。

（三）remavaravas 除喪祭

前文已述，除喪祭雖式微但未曾中斷，1993 年青年開始加入除喪祭，其內容也是以曾建次主教所保存的資料[48]作為依據，加以訪問耆老經驗所重建的。除喪祭於大獵祭族人歸來後舉行。除喪流程如下：

喪家家屬頭戴黑巾，上蓋草冠，聚集在鳥占區內喪家棚，待參與大獵祭的喪家家人入列後，由部落長輩以杖將草環撳去，換由親人為他們戴上花環。接著，喪家與族人共舞三圈後，返家等待 rahan 和青年前來家中除喪。

當族人離開鳥占區時，pulingau、長老團及青年會先行至部落 karuma'an 祭祖。rahan 先將山上所獵之草編「人頭」做刺殺貌，然後吟唱除喪歌，青年們則同時在 karuma'an 前跳除喪舞，之後前往各喪家家中舉行除喪祭儀。

喪家中的除喪過程是先由rahan在屋內為喪家取去頭上草環，並以手覆於家屬頭上，唸祝禱文並吹一口氣，代表不好的東西已除去，再為家屬戴上花環（圖 2-14）。所有家屬戴上花環後，由 rahan 吟唱除喪歌，青年邀喪家家屬在住家門前跳除喪舞。

部落中全部的喪家除喪完畢後，rahan帶著自喪家取下的草環，再次回到 karuma'an，將喪家草環連同自己頭上的草環一起丟掉，表示除喪儀式結束。除喪儀式結束之後，族人在 palakuwan 宰殺獵物，內臟用於祭祀，其餘肉品供族人享用。喪家亦準備'avay 和酒水，感謝並慰勞族人對於除喪的幫忙（請見圖 2-15）。

---

[48] 詳見第三章第二節。

上述流程出自陳文德（2001：117-118）之研究，加入筆者 2016 年所觀察之現況補充，惟現今除喪的實際情形與陳文德文中所述已略有不同，例如現今因配合族人上班與國定假日之間的銜接，經部落會議討論後，將除喪祭時間自原本的 1 月 1 日改為 12 月 31 日，因此有些流程由兩天變更為一天之內進行完畢。另外，陳文德（2001：117、2011：19）研究中指出，在 1990 年代中期，喪家若為天主教友，則家中除喪由天主堂的義務使徒[49]負責，意即儀式執行者有所區隔，但此情形至 2001 年三大家族新任 rahan 就任之後，改由三家的 rahan 一起為喪家除喪，儀式執行者的宗教區隔不再[50]。

據田野報導人口述，原本的除喪祭是往昔為了安慰外出作戰殉難者的家屬所做的儀式，現在轉換成該年度有親人過世的家庭為除喪對象，除喪代表著所有族人對於喪家的關懷、安慰以及重新接納，希望喪家放下悲傷，重新回到平時的生活。筆者在田野調查期間親身參與除喪過程，即便只是在一旁默默觀看，卻能感受到儀式當下所有參加者整體的正向意念和溫暖氛圍，筆者認為除喪儀式的執行者和接受對象雖然是儀式執行者和喪家，但作用對象實際上擴及全體族人，意即除喪包含了集體心靈治癒的正面功能。

---

[49] 義務使徒是由受洗並領受堅振，且積極參與教會、有領導才能的信徒擔任，他們經過特定的訓練後，在各地堂區擔負協助神父主持團體之職務。其義務之處在於以基督徒的身份協助教會發展，所行的服務皆無酬勞，一心為幫助堂口自立自養，使教會由被動轉向自立發展。

[50] 感謝中研院民族所陳文德先生於 2018 年 5 月 13 日於針對此部分提供相關資訊及說明。

圖 2-14 rahan 為喪家家屬除喪（此喪家為虔誠天主教家庭）。
攝影：陳映君，日期：2016/12/31。

圖 2-15 族人和喪家於 karuma'an 和 palakuwan 前跳除喪舞。圖中桌上的食物和酒水為喪家準備，以酬謝族人的安慰和幫忙。
攝影：陳映君，日期：2016/12/31。

（四）Revuavua'an 祭祖、遺址尋根

1993 年，曾建次主教帶領部落近百位族人，首度重返部落遺址，往後幾年也在曾主教帶領之下，重返口述文獻資料中所提到的多個舊部落遺址，並立下紀念碑。1995 年起，族人例行於每年三月或四月間重返舊部落尋根探源。現固定每年三月底在 Revuavua'an 進行祭祖儀式（請見圖 2-16、2-17）。關於尋根祭祖活動，建立過程因與天主教會在知本的歷史脈絡相關，詳請參見第三章第三節。

圖 2-16 族人在 Revuavua'an 進行祭祖儀式。
攝影：高信宗，日期：2017/3/25。

圖 2-17 參與 Revuavua'an 祭祖之全體族人合影。
攝影：高信宗，日期：2017/3/25。

（五）kavarasa'an 小米收穫祭

小米收穫祭約自 1970 年代恢復，1993 年起開始擴大規模舉辦。由於日治時期即停辦，許多長者也不清楚祭儀的舉行方式，青年慢慢摸索、配合參考天主教神父所記錄的口述資料[51]，在天主堂不斷討論，最終訂立了收穫祭的流程，今日是卑南族部落中舉辦規模最為盛大者。現行收穫祭固定於每年陽曆 7 月 11 日開始，為期一週，大致流程如下：

7 月 10 日—整理、布置三大祖靈屋；青年進駐 palakuwan

7 月 11 日—小米入倉儀式、祭告祖靈小米收穫祭展開

[51] 詳請參閱本研究第三章第三節。

7 月 12 日—取 talingelr（精神圖騰）、豎立 talingelr[52]；valisen 報信

7 月 13 日—青年齋戒開始、青年試膽

7 月 14 日—馬拉松體能訓練、摔角競技

7 月 15 日—天主堂小米收穫祭感恩彌撒（教友族人參加）、部落聚餐（族人需繳納'avay、酒水飲料）；部落男子精神舞遊街；唱傳統歌謠、muarak（跳傳統舞）

7 月 16 日—部落會議；部落男子精神舞遊街；部落晚會

7 月 17 日—搗小米、製粿；祖靈屋祭祀；青年之夜（通宵達旦）

7 月 18 日—rahan 祭告小米收穫祭結束

以上部落現行的祭典，大多由曾建次主教號召帶領，以及青年族人主動發起而得以恢復或建立，除了上述年度例行的祭典，尚有一些依照實際情形需求才舉行的儀式，例如祈雨祭，在缺水時舉行以求天降甘霖；以及沒有規劃成為制式祭典，但會定期舉行的活動，如除草祭，婦女們在小米應當除草時彼此號召，自行成為工作團體（圖 2-18）。現代以小米為主要農作已相當少見，但在筆者田野調查期間，知本部落已決定回到祭典的根源，加強學習依照小米農作而運行的歲時祭儀，因而在部落選擇一塊土地共同栽種小米，種植的小米作為部落祭儀使用。

[52] 部落將 talingelr 漢譯為精神圖騰或精神標竿。每年小米收穫祭之前，青年要上山取竹回部落，於竹子頂端安置男子人像，並在祭典場地將之立起，向族人宣告祭典將至；在口傳神話中，知本部落與建和部落為姊弟部落，每屆收穫祭前，知本部落須立起男子人像，亦表示弟弟邀請姊姊來參與祭典。

目前部落現行祭典，處處可見傳統文化與現代生活如何配合、轉化的方式與做法。從少年猴祭的訓練方式、大獵祭族人需向派出所和林務局申請槍枝登記及傳統狩獵許可、除喪祭對象和意涵的轉變，到發源地祭祖、遺址尋根活動的建立、小米收穫祭流程的制定等，筆者認為卡大地布部落如今能擁有這些豐富的祭儀，其實正是由於族人渴望與傳統文化連結而產生強烈的能動性，以及在現代體制、生活中尋找解決方法的韌性，還有族人之間對於信仰選擇上的包容性，造就了今日之樣貌。卡大地布部落的祭儀值得分別細探研究，然因本研究主軸為知本天主堂與部落之互動，未能在此加以著墨，望後續研究者針對此部分深入探討。

圖 2-18 除草時節至，婦女彼此號召在小米田除草。
攝影：高雅玟，日期：2018/4/5。

第三節　卡大地布部落現今信仰概況

卡大地布部落在不同政權背景，以及不斷與外在社會接觸下，在宗教信仰上也發生了改變。自清朝開始，漢人移居帶入了道教、佛教，日治時期強制信仰神道教；到國民政府時期並無控制性的宗教限制，基督宗教在 1950 年代快速成長，台灣東部也在這波浪潮中開始接觸基督宗教[53]，卡大地布亦不例外，長老教會、真耶穌教會、天主教紛紛到此宣教，其中以天主教的發展最為興盛。本節介紹卡大地布部落內現存的宗教組織，以及當今族人的信仰概況。

一、基督宗教

知本地區基督宗教的傳入，始自 1950 年代。首先是真耶穌教會，接著長老教會來到，最後才是天主教會，近五年來以馬內利教會也在知本成立，以下分別簡述各教會歷史與概況。

（一）真耶穌教會

1952 年，兩戶都蘭阿美族人遷入知本，人數約有五名，起先以家庭聚會形式聚會，1954 年成立祈禱所。後來成功一帶的信徒陸續搬到知本村，人數增加快速，另有八戶卑南族人加入。1954 年新建茅草會堂並正式成立教會。1955 年 6 月遇颱風導致會堂倒塌，部分信徒也因事業關係陸續遷出，加上在地信徒漸漸離道，

---

[53] 台灣天主教在 1953-1963 年間，每年的信徒成長率大都超過 10%，本研究對象—知本天主堂所屬的花蓮教區在該期間的信徒成長率為 49.83%，是同時期各教區中最為突出的。詳請見瞿海源（1997）之研究。

因此人數只剩二十幾位；同年又修建一間小會堂，但人數過少，教會難以發展。

1974 年，因會堂破損重新興建新會堂，1975 年 10 月完工落成，新址位於今知本路三段（部落族人慣稱第二條路建業活動中心旁，請見圖 2-19）[54]。雖然教會位於部落內部，但不太與部落族人往來，筆者田野調查時，族人多半表示「不清楚他們在做什麼」，只知道該教會信徒不多，當中也無知本部落族人。

圖 2-19 真耶穌教會知本會堂。

資料來源：真耶穌教會台灣總會網站 http：//www.tjc.org.tw/LinkedContent/Content?gpid=4&mid=100&cid=752，最後檢索日期：2018/5/8。

---

[54] 資料來源：財團法人真耶穌教會台灣總會教牧處網頁 http：//edu.tjc.org.tw/list.asp?ArticleID=782，最後檢索日期：2018/5/8。

（二）基督長老教會

根據《台灣基督教長老教會百年史》（2000），原住民地區開拓元老駱先春[55]牧師在 1951 年左右即來到知本，拜訪當時正在擔任縣議員的知本原住民菁英陳實[56]，以及其他可能協助傳教的有力人士，但未得應允。1953 年正式在知本佈道，得十二名教友入會[57]。駱牧師認為，卑南族傳統信仰著迷於祖先崇拜，加上漢人佛教及「社會上不良環境之感染」，因此傳教收穫微少。

1957 年台東教會溫榮春牧師在知本積極從事福音的開拓工作，同年 11 月在知本開設知本教會，並購買一棟舊房屋加以整修為禮拜堂，1958 年元旦啟用。1968 年因原教堂陳舊，便再次購地新建禮拜堂，即現址知本路三段之禮拜堂，1970 年新建禮拜堂竣工並啟用。1976年原禮拜堂增建成為如今所見之二層樓建築(圖2-20)，1978 年落成啟用[58]。

知本教會原屬台東教會支會，1980 年升格為堂會[59]。據《台灣基督長老教會原住民宣教史 修訂本》（2016）紀錄，1988 年

---

[55] 駱先春牧師(1905-1984)，出生於淡水，1927 年就讀台北神學院，畢業後負笈日本神戶，進入中央神學院研讀；兩年後返台，於三峽、新竹、大甲、以及台東等地擔任教會牧師，同時兼任執教於淡江中學與台灣神學院；期間還曾擔任教會音樂委員會委員、長老會聖詩編輯部長等。投身東部原住民地區宣教工作長達二十一年，成立百餘間原住民地區教會。資料來源：台灣大百科全書 http：//nrch.culture.tw/twpedia.aspx?id=14242，最後檢索日期：2018/5/8。

[56] 陳實(1901-1973)，近代卑南族最重要的作曲家之一，也是卑南族高知識領袖及教育家。1915 年畢業於知本公學校（今知本國小)，1918 年就讀臺北師範學校，是日治初期接受師範教育的第一代原住民菁英。1922 年自臺北師範學校畢業後，先後曾在卑南公學校、知本公學校（國民學校）等校教書，曾擔任知本國民學校、大南國民學校校長。1950 年獲選為第一屆平地山胞縣議員。

[57] 文中未說明此十二名教友是否為卑南族人。

[58] 資料來源：台灣基督長老教會總會網站 http：//www.pct.org.tw/churchdata.aspx?strOrgNo=C01003，最後檢索日期：2018/5/8。

[59] 依台灣基督長老教會行政法第一章第二條，堂會為符合以下三條件之教會：1.設籍陪餐會員三十人以上。2.長老、執事各二人以上。3.能負擔中會規定之傳道師基本謝禮及總、

12 月曾經宣告停止聚會，但無後續情形的記載。台灣基督教會長老教會總會網站之知本教會簡史，說明「現任長執中一位長老、二位執事為原住民，知本教會雖是平地教會，但原住民信徒佔了三分之一，且分佈不同族種。」，但筆者田野調查期間，問及族人長老教會的情形，多數人表示幾乎不太有知本的族人加入，即便有也是非常少數。

圖 2-20 長老教會知本教會。

資料來源：台灣基督長老教會總會網站 http：//www.pct.org.tw/churchdata.aspx?strOrgNo=C01003，最後檢索日期：2018/5/8。

中會費。資料來源：台灣基督長老教會總會網站 http：//www.pct.org.tw/ByLaws.aspx?LID=1001，最後檢索日期：2018/5/8。

（三）天主教會

天主教會自1953年傳入知本，是天主教在卑南族地區的第一個傳教據點，和同期傳入知本的長老教會相較，天主教會的成長快速而普及，最盛時期教友人數達部落人口三分之二。天主教堂現址原為部落祖靈屋聚集地，可謂是族人原先所認為的聖地，三大家族的rahan和長老及愈來愈多族人加入天主教會，可見天主教會在部落的地位與其他基督宗教有所不同。本研究之重點為天主教會在知本部落的發展、變遷和適應，後續章節將就天主教會在知本的歷史、本地化情形、與部落的互動等各議題詳細介紹及分析，在此暫不贅述。

圖2-21　知本天主堂聖堂外觀[60]及聖母亭、費道宏神父紀念碑。
攝影：莊春美，日期：2018/5/13。

[60] 知本天主堂於2016年底進行教堂結構工程修繕及外牆重新上漆、彩繪，2017年6月11日結構工程竣工，2018年5月13日，外牆壁畫彩繪完工。

（四）以馬內利教會

2014 年，知本出現新興的以馬內利教會，位於知本路三段的民宅空間（族人慣稱農會旁邊）。以馬內利教會最初以開設課後輔導班吸引參加者，現在部落學生參加者為數不少。參加課輔班的學生不一定在信仰上加入以馬內利教會，但會因為課輔資源取之於教會，而參加教會的假日活動。多數報導人表示，以馬內利對於家長而言，只是一個讓孩子課輔的空間和資源，並不會以信仰的角度看待，也不影響參加課輔者的原信仰。不過有多位報導人指出，知本以馬內利教會成立初期，曾反對課輔學生參與部落傳統祭儀活動，該事件造成部落許多人的反彈，認為部落孩子的文化權益遭變相剝奪，族人也為此前往以馬內利教會溝通[61]。筆者認為由此可看出部落族人對於「外來」和「本地」，有非常清楚的界線，外來資源和宗教若無法尊重部落文化，則難以為族人所接受。目前以馬內利教會的信徒人數並不多，部落族人加入者也是少數。

---

[61] 2016/7/25、2016/10/6 田野筆記，口述：報導人 CA13、CA14、TR1、CA10、CA11、CA12，地點：知本里 CA13 自宅、知本里 CA10 自宅。

圖 2-22 知本以馬內利教會。
資料來源：google 街景，拍攝日期：2016 年 9 月。

二、漢人民間信仰

卡大地布部落因地理性質平坦廣闊、交通便利，長期以來與鄰近漢人以及外界接觸，部落內或附近也有一些漢人宗教信仰單位，例如代天府、太子殿、慈雲寺和道教私人壇等。其中代天府歷史悠久，也較常為族人提及[62]，以下簡介之。

知本代天府內有以下碑文說明其歷史沿革：

> 知本代天府之肇建，緣起於民國三十六年台灣光復之初，信仰重獲自由，台東「順天府」蘇府王爺出巡繞境，俯察百姓民生，行至本地，見溪水不淨，恐危及村民，遂諭示駐境清

[62] 但並不是因為族人信仰者多，而是涉及選舉等政治因素。

溪，村眾欣聞旨意，歡欣鼓舞，乃將王爺令旗，奉調回庄，暫厝民宅供奉，庇佑境緣平安。王爺果然靈跡赫濯，神威奕奕，護佑里民康祥。

次年，王爺降駕諭示雕塑金身及建廟，以為長久之計，村中屢蒙神庥，咸感王爺恩威無疆，德澤浩瀚，旋即著手建廟事宜，有錢出錢，有力出力，因絀於經費，僅草葺竹管厝於現址；越明年，廟堂告竣，舉行入火安座大典，主祀蘇府王爺、池府王爺、五年王爺，配祀弼馬官，同祀關聖帝君、濟公活佛、註生娘娘、中壇元帥、觀音菩薩、地藏王菩薩，自此神尊慶有所，信民心有託；如是歷經五載歲月，草葺廟堂，材劣質陋，不堪風霜吹蝕，漸呈傾圮，乃以磚瓦為材，鳩資重建，其後迭經修葺，至民國七十六年加蓋前殿及鐘鼓樓，及民國 81 年增建金爐及前殿、門神，廟觀益臻完善，燦然大備，軒豁呈露，觀瞻宏偉，自此瑞氣長呈、靈氛永盛。（台東知本代天府沿革碑文）

由碑文得知代天府歷史可回溯至 1947 年，早於基督宗教的傳入，據筆者田野期間，時任廟公吳先生所述，目前代天府的信眾主要是住在知本路和崎仔頭的漢人，今日到廟裡請求辦事的人很少，原住民更少，幾乎不太看得到，而且愈近代愈少人會去廟裡。筆者在 2016 年中元普渡時前往觀察，廟方的祭祀場面盛大（圖 2-23），代天府應仍然是知本地區漢人的信仰中心，只是不一定會在平日親身前去廟裡。

圖 2-23 知本代天府中元普渡盛況。
攝影：陳映君，日期：2016/8/17。

三、現今族人信仰概況

據筆者觀察，卡大地布部落族人現今的信仰情形可謂多元雜揉。以往天主教信仰佔族人的最大宗，但今日教友逐漸流失，加以部落文化復振工作至今有所成果，因此除了天主教之外，部分族人選擇回歸卑南族傳統信仰，也有族人信仰漢人宗教，但更多的是在信仰上表現出非單一宗教的傾向，筆者以自身觀察到的幾個事例分類說明此現象。

第一種類型為傳統信仰混合漢人民間信仰。報導人曾向筆者述說，近代的 pulingau 在誦念經文時，將自己所信奉的漢人民間信仰納入傳統信仰中，所呼求的是漢人神明的名字，請求那些神明賜予力量[63]。另一事例是有族人身體長期不適，並偶而會出現類似被附身的狀況，族人尋求傳統信仰之道無法解決，轉而尋求漢人信仰請求辦事。據其說法，傳統信仰或漢人信仰他都相信，只要能夠解決人生所遭遇的困難即是好的[64]。

第二種類型是天主教信仰混合漢人民間信仰。據筆者觀察天主教族人的清明掃墓方式，除了依照台灣天主教會所頒布的天主教掃墓禮[65]進行以外，許多人還會準備三牲祭拜，即便教會不斷教導教友以鮮花或水果取代三牲做為獻禮，族人供奉三牲的習慣依然如故，尤其老一輩族人非常看重。2018 年適逢部落祖墳集體遷葬後的第一個清明節，筆者隨報導人家族前往台東市公所的納骨塔祭奠已逝親人，納骨塔規定不可在塔內供奉三牲，報導人家中長輩相當在意，認為如此沒有盡到祭奠的禮節，並在返家路程反覆提起此事[66]。

另一個事例是有教友報導人家庭也隨著道教信仰，做中元普渡的祭拜（圖 2-24），以及初九拜天公。該名報導人說明，自己的孩子出生時，被親戚帶去漢人神壇算命，算命師說孩子是農曆七月一日出生，因逢鬼門開，要給天公做義子，讓天公保佑孩子平安成長，往後初九拜天公和中元普渡都要祭拜，必須持續到孩子成長至十五歲為止。報導人為了孩子的平安便如是遵行，後來孩子在青春期常身體不適，為求平安還是繼續祭拜，現孩子已二十多歲，此習依舊。該名報導人雖從小就生長在教友家庭，但因

63 2016/8/15、2016/8/26、2016/11/14 田野筆記，口述：報導人 CA2、CA5、CH1，地點：知本里 CA2 自宅、知本里 CA5 自宅、台東市白冷會會院。
64 2016/8/17 田野筆記，口述：報導人 TR2，地點：知本里。
65 內容有讀經、祈禱、獻禮（鮮花）、灑聖水和鞠躬禮。
66 2018/4/2 田野筆記，筆者參與報導人 CA15 家族掃墓。

體質特殊，常會被附靈或發奇遇夢境，孩子也遺傳這樣的體質，因此只要是能對人生有正面作用、能使家人平安，他都不排斥，但是在身份認同上很明確表示自己是天主教徒[67]。

圖 2-24 教友報導人家中普渡情形。
攝影：陳映君，日期：2016/8/17。

第三種類型是天主教信仰混合傳統信仰。依照卑南族傳統，享用酒水之前習慣先 pidare'，即以手沾酒，向土地點灑三下，以祭祖靈和土地，天主教徒很多仍保持這樣的習慣。另一個事例是有些教友族人若遇家中不順或找不到根源的久病不癒，仍會尋求

[67] 2016/8/17 田野筆記，口述：報導人 CA3，地點：知本里 CA3 自宅。

pulingau 幫忙詢問病因，上述教友報導人的孩子身體不適時就曾數次向 pulingau 求助[68]。

綜觀目前卡大地布部落的信仰概況，信仰群體單純（天主教、傳統宗教、道教為大宗），但群體內部又具有複雜性。有些報導人認為這種在信仰上非單一的傾向，是由於對本身信仰不夠虔誠的緣故，才會游移在不同的信仰之間；筆者原先亦抱持這樣的想法，但經過與多位報導人相處、談心，筆者轉而認為對於此傾向的產生，並不能侷限於虔誠與否的評斷，更深層的意義是族人對於生命安康或解決病苦的追尋和現實需求，當有迫切需要時，哪一個宗教能夠最快達成目的，那才是最重要的，但在信仰身份的認同上並不一定會隨之動搖；或許這也能理解為卡大地布族人對於宗教信仰的開放胸襟，正因如此，多數族人才能對各宗教保持尊重的態度，使不同的宗教在此和諧共存。

[68] 2016/8/17 田野筆記，口述：報導人 CA3，地點：知本里自宅。

第三章　天主教的傳入與發展

卡大地布部落是第一個接觸天主教的卑南族聚落，有其獨特的重要性。本章首先由天主教傳入台灣東部開始講述，進而介紹白冷外方傳教會在東部的傳教工作，重點聚焦於白冷會在知本天主堂的耕耘歷程。接著依循時間脈絡，詳述知本天主堂的發展過程。第二節與第三節之分期界線，以 1993 年部落小米收穫祭場地首次離開天主堂場地做為分野，顯示天主堂與部落互動模式開始轉變的關鍵時間點。

第一節　台灣東部開教與白冷外方傳教會之傳教

一、台灣東部開教

天主教傳入台灣始自西元 1626 年西班牙神父及傳教士初抵台灣北部三貂角（今新北市貢寮區），至 1641 年荷蘭軍隊佔領北部，天主教傳教士撤離。直到 1859 年道明會（拉丁語 Ordo Praedicatorum，簡稱 O.P.）郭德剛神父（Rev. Fernado Sainz, O.P.）與洪保祿神父（Rev. Pedro Munoz, O.P.）來台重新開教，天主教才真正奠基；他們率福建教友與傳教員，由廈門出發，抵達打狗（高雄），展開在台灣的傳教生活，天主教自此由南部開始逐步拓展至全台各地。當時台灣的教務隸屬廈門教區，直至 1913 年，羅馬教廷正式成立台灣監牧區（Pracfectura Apostolica de Formosa）[1]，台灣教會脫離廈門教區，成為獨立的地區教會。

而後，因中國內戰之故，當時在中國大陸境內的天主教會紛紛轉移至台灣，形成當時台灣信仰天主教人數急速增加的現象[2]。鑒此情景，羅馬教廷於 1949 年 12 月 31 日將台灣劃為台北、高雄兩個監牧區[3]，台灣東部之花蓮縣與台東縣各分屬北、高兩監牧區管轄[4]。然而因東部地形狹長，兩監牧區對東部的教務管理有限，範圍主要僅在花蓮北濱街、北浦教堂、太巴塱部落及台東鎮（李孟融，2005：54），直至 1952 年，東部才成為獨立的花蓮監牧區。

花蓮監牧區成立之推手，是 1951 年遭中國大陸驅逐出境的法籍主教費聲遠（Most Rev. Andrew J. Verineux, M.E.P）[5]，他原任中國東北營口教區主教，來台後深受東部原住民族之熱情吸引，並見東部發展落後，且當地人民尚未認識天主教，便回報羅馬教廷，建議在此成立新的教區[6]。1952 年 8 月 7 日，教廷宣布花蓮監牧區（Apostolic Precfecture of Hualian）成立，並指派費聲遠主教任該監牧區監牧。自此，花蓮教區遂由巴黎外方傳教會與白冷外

---

[1] 《天主教法典—拉丁文中文版》371 條 1 項：宗座代牧區或宗座監牧區（拉丁語：Praefectura Apostolica），是天主子民的一部分，因特殊環境而未成立為教區，委託宗座代牧或宗座監牧牧養，並以教宗名義治理之。（台灣地區主教團秘書處，1992：179）

[2] 關於台灣天主教人數增長之現象與分析，詳可參閱瞿海源（1997：209-243）之研究。

[3] 台北監牧區主要由剛恆毅樞機主教創立的主徒會管理，高雄監牧區主要由西班牙道明會玫瑰省管理。

[4] 關於此段台灣天主教會歷史，詳請參閱江傳德（2008：30-251）之研究。

[5] 費聲遠主教：1897 年 11 月 4 日生於法國里姆斯，領洗時聖名為 Andrew。1922 年 12 月 23 日加入巴黎外方傳教會（Missions étrangères de Paris, M.E.P）。巴黎外方傳教會自 1840 年和 1898 年已在中國瀋陽和吉林開教，費聲遠主教於 1947 年由修會派遣前往瀋陽傳教，1949 年 7 月 14 日任營口教區主教。遭中共驅逐來台後，1952 年 8 月 7 日任花蓮教區監牧。1963 年 3 月 1 日任花蓮教區署理主教。1973 在 7 月 25 日退休住在聖瑪爾大修女會內。1983 年 1 月 10 日過世。（引自台北利氏學社，2002：32，註 1）

[6] 關於費聲遠主教力促花蓮監牧區之成立經過，可參閱費聲遠（1980）之記述。

方傳教會（Bethlehem Mission Society, S.M.B）肩負傳教之重任。後文將針對主要負責台東地區傳教工作的白冷外方傳教會做進一步之介紹。

二、白冷外方傳教會簡介

修會是天主教會中由一群出於自身意願，宣發貞潔、貧窮與服從三聖願，捨棄世俗生活的男女所組成的團體，依據《天主教法典—拉丁文中文本》（台灣地區主教團秘書處，1992：269）：

> 修會生活，既為整個人格的奉獻，彰顯天主在教會內制定的奇妙婚姻，做來世的記號。為此會士將自己完全奉獻，恰如獻給天主的祭祀，藉此祭祀，會士將全部存在成為在愛內向天主做的不斷敬禮。（607 條：1 項）
>
> 修會是團體，其成員應遵本會法規定，宣發終身公願，或定期重發的暫時公願，並共同度兄弟般的生活。（607 條：2 項）

為適應時代需要，天主教各個修會常隨著歷史演進，以不同的面貌出現，並依循各自的目的和精神而成立，按照不同的方式宣傳福音。西元 1895 年法籍神父巴皮耶（Pièrre Marie Barral, F.M.J）在瑞士琉森市附近的小鎮創辦傳教中學，隔年搬遷至施維茨州的茵夢湖（Immensee）。西元 1921 年，白冷外方傳教會（Bethlehem Mission Society, S.M.B，以下簡稱白冷會）成立，該修會所培養的神父，晉鐸[7]後派遣至缺乏神父的地區和傳教區。

[7] 晉鐸，即「晉升司鐸」之意，司鐸為神父的另一種稱呼。

白冷會為「外方傳教會」，外方傳教會指的是「在某一國家，有一批傳教工作者形成一個組織，其中包括神職人員及一些社工人員，經過特殊的訓練（包括語言、習俗、文化），被派遣到指定的國家或民族那裡去宣講救主福音，並以犧牲、服務及愛心關懷，扶助當地人民的團體」（趙麗珠編，2003：103）。而「白冷」則為 Bethlehem（伯利恆）的德語音譯，是聖經所記載耶穌的誕生之地。白冷會之精神便是效法耶穌降生成人，透過實踐與宣講的方式，將基督的教義宣佈給尚未接受福音的人，呼應《聖經》所載：「他雖具有天主的形體，並沒有以自己與天主同等，為應把持不捨的，使自己空虛，取了奴僕的形體，與人相似，形狀也一見如人」（思高聖經學會譯釋，2000，斐二：6-7）。

白冷會的傳教目標是建立自養[8]且能成長的本地教會，教會本身即為傳教成果之見證；服務對象以貧窮者、受剝削者、受輕視及失去人權者為優先，主要工作地區涵括辛巴威、肯亞、哥倫比亞、秘魯、厄瓜多、日本、台灣、瑞士……等，並以「傳教士必須工作到無教可傳的地步」為原則進行傳教工作。（趙麗珠編，2003）

三、白冷外方傳教會的傳教工作

（一）東北傳教

西元 1924 年，白冷會在瑞士成立後不久，便展開至中國東北黑龍江省的傳教工作，開拓了二十多個堂區，包含齊齊哈爾、富拉爾基、德都、長樂、肇州、大來……等，並設置多處傳道所，

[8] 財務經濟自立、自給自足。

也建立了社會服務事業、診所，以及中小學和小修院。東北淪陷後，教會產業遭中共沒收或毀壞，神父們面臨勞改和驅逐出境，白冷會士大多回到瑞士待命，等待時機再返中國大陸傳揚福音。白冷會在東北傳教期間，尚有聖十字架慈愛修女會（Sisters of Mercy of the Holy Cross，以下簡稱聖十字架會）的修女在該地協助傳教，負責堂區牧靈、醫療、社會服務，白冷會神職人員與聖十字架會修女便成為合作無間、相互依存的傳教夥伴，來到台灣亦是如此。（黃連生編，1995；趙麗珠編，2003）

（二）白冷會受邀來台、拓荒奠基時期（西元 1953-1960 年）

西元 1952 年，花蓮教區費聲遠主教邀請在中國東北相識、合作傳教的白冷會士錫質平神父（Rev. Jakob Hilber）等人，至台東開拓宣教，建立教會。隔年，白冷會錫質平神父及司路加神父（Rev. Lukas Stoffel）到台東，接手巴黎外方傳教會隆道行神父（Rev. P. Rondeau, M.E.P.）的傳教工作，錫質平神父並擔任白冷會在台灣的第一位區會長，也接任台東縣總鐸區[9]的總鐸。隨後，白冷會諸位會士們紛紛到來，以日語和閩南語傳教。

在白冷會來到台東的前三年內，足跡已踏及將近台東全境，自大武南興村為始，接著陸續到都蘭、東河、成功、宜灣、長濱，再至知本、關山、池上、馬蘭、寶桑、福建路，終抵太麻里、金崙、蘭嶼（參見表 3-1），建立各個傳道所，做為地方傳教的根基。在這前驅時期，僅三年半的時間，白冷會已在五十八個地點建立

---

[9] 天主教管理體制中的一個層級。依據《天主教法典—拉丁文中文本》374 條 2 項：「為藉共同的行動推行牧靈工作，可聯合幾個臨近的堂區成為特別的組合，如總鐸區即是。」（台灣地區主教團秘書處，1992：181），總鐸區即為鄰近幾個堂區組成的群體，並選出一名神職人員擔任總鐸。

起教堂或傳道所[10]，領洗信徒從四十五人增長至五千多人，慕道者超過一萬三千人。（趙麗珠編，2003：52）

表 3-1 白冷會來台會士及傳教工作（1953-1960 年）

時間	白冷會士	傳教地點／傳教工作	傳教地主要對象
1953 年	錫質平神父	大武、台東鎮、南興、大鳥、安朔、尚武、大溪、新化	排灣族
	姚秉彝神父 Rev. De Boer Jorrit	都蘭、東河、都歷、成功、宜灣、長濱、興昌	阿美族
1954 年	孫惠衆神父 Rev. Senn Franz	關山、海端、池上、加拿	布農族
	龔岱恩神父 Rev. Guntern Josef	知本、利嘉、建和、新園、大南	卑南族
	紀守常神父 Rev. Giger Alfred	鹿野、延平（桃源、瑞源、龍田、永安、電光、嘉峰、鸞山）	阿美族、布農族
	周維道神父 Rev. Notter Viktor	馬蘭（豐年、旭橋、利吉、寶桑）	阿美族、外省人
1955 年	吳博滿神父 Rev. Übelmann Ernst	台東鎮（福建路、康樂、大橋）	
	胡恩博神父 Rev. Hurni Otto	大鳥、嘉蘭、金崙、太麻里、新興	排灣族
	姚秉彝神父	定居於成功，購地建堂；向東和、泰源、都蘭、宜灣、長濱、靜浦宣教	阿美族
	布培信神父 Rev. Bürke Alois	台東鎮	
	紀守常神父	蘭嶼宣教，兼管永安、瑞源、龍田、桃源等傳道所	達悟族、布農族
1956 年	彭海曼神父 Rev. Brun Hermann	長濱、樟原、真柄、永福、大俱來	阿美族
	孔世舟神父	台東鎮豐榮里宣教、兼管	阿美族

[10] 其中有十八座教堂以水泥興建，其餘則是以木頭、竹子或茅草搭建。

時間	白冷會士	傳教地點／傳教工作	傳教地主要對象
	Rev. Bollhalder Konrad	初鹿、旭橋	
	和致中神父 Rev. Herrmann Leo	都歷、東河、泰源	阿美族
	韓其昌神父 Rev. Hensch August	太麻里	
	費道宏神父	尚武	排灣族
	滿海德神父 Rev. Manhart Ernst	成功鎮	阿美族
	龔岱恩神父	接任東河堂區主任司鐸，兼管小馬、都歷、泰源	阿美族
1957 年	池作基神父 Rev. Tschirky Meinrad	鹿野	阿美族
	韓其昌神父	接任大武堂區主任司鐸，兼管尚武、安朔、大溪、大鳥等傳道分堂	排灣族
	錫質平神父	接任康樂天主堂主任司鐸、培質院院長，籌建傳教學校及公東高中	
	和致中神父	接任池上堂區主任司鐸，兼管錦平、廣源、振興等多個傳教所	
	費道宏神父	接任知本堂區主任司鐸，兼管建和、溫泉分堂	卑南族
1958 年	史泰南神父 Rev. Steiner Dominik	擔任尚武副本堂，協助韓其昌神父宣教	排灣族
1959 年	池作基神父	接任馬蘭堂區副本堂，至大橋、富岡、利吉、加路蘭等地傳教	阿美族
	郝道永神父 Rev. Hort Friedrich	籌辦康樂傳教學校	
	迪樂道神父 Rev. Dillier Casimir	富岡	
	滿海德神父	接任都蘭堂區主任司鐸，兼管興昌、隆昌分堂	阿美族

時間	白冷會士	傳教地點／傳教工作	傳教地主要對象
	費道宏神父	接任南王堂主任司鐸，向賓朗、大南、新園、利嘉傳教	卑南族
	蘇德豐神父 Rev. Suter Gottfried	擔任知本副本堂	卑南族
	洪克明神父 Rev. Hunkeler Friedrich	接任台東鎮寶桑堂主任司鐸	閩南人
	周維道神父	康樂傳教學校	
	和致中神父	康樂傳教學校	
1960 年	雷化民神父 Rev. Leimer Franz	接任台東鎮寶桑堂主任司鐸	

資料來源：黃連生編（1995）。製表：陳映君。

西元 1955 年，第一批應白冷會之邀的聖十字架會修女，來到台東協助傳教工作，並為貧困者開立診所。同年，錫質平神父與布培信神父創立培質院[11]，提供來自山區或離島的清寒學童，在市區能有一處安心就讀學習的場所和居所，並展開聖召[12]培育工作。

西元 1956 年，白冷會在都蘭、池上、利嘉、都歷、金崙、尚武、知本和關山等十二處購置土地，準備興建教堂。而曾在中國大陸傳教的五位神父：彭海曼、和致中、費道宏、孔世舟及韓其昌也先後抵達台東。費聲遠主教亦在此時宣布培質院成為小修院[13]，並派任鄭鴻聲神父為院長；約二十年後，第一批台東本地神職人員晉鐸，白冷會的聖召培育結出果實。在此傳教開拓時期，白冷

[11] 「培質」二字取自兩位創立神父的中文名。

[12] 天主教將來自基督及教會的召叫稱為「聖召」，此指狹義之對於擔任神職人員的特殊召叫。

[13] 在天主教修院中攻讀神學、哲學的階段稱為大修院，進入大修院前則為小修院。

會先後共有二十一位神父來台東開教，除綠島以外，在全縣各鄉鎮和村落建立了六十多處教堂及傳道所，教友人數快速增加。

（三）成長時期（西元 1961-1971 年）

白冷會為使地方教會早日達成自立、自足、自養、自治的目標，於此階段大力投入教會機構、教育、醫療及社會關懷事業的擴展工作，包含：傳教學校[14]、若瑟修院、公東高工[15]、幼稚園、東區職訓中心[16]、聖母醫院[17]......等，同時亦推辦儲蓄互助社[18]，宣導堂區自養，使地方教會愈發穩固茁壯。

此時仍陸續有多位白冷會士來台，包括：于惠霖神父（Rev. Scherer Ulrich）、魏主安神父（Rev. Vonwyl Gottfried）、歐思定修士（Bro. Büchel Augustin）、艾格里神父（Rev. Egli Hans）、葛德神父（Rev. Gassner Ernst）、李懷仁神父（Rev. Ricklin Paul）、葛士義神父（Rev. Gassner Igo）、賈斯德神父（Rev. Stähli Karl）、溫樂德神父（Rev. Twerenbold Roland）、薛弘道修士（Bro. Schelbert Laurenz）、貝惠德神父（Rev. Benz Titus）、顧浩定神父（Rev.

[14] 西元 1969 年已有 72 位傳教師，其中原住民有 54 位，漢人 18 位，對地方傳教工作有莫大助益。1979 年，傳教學校改為「康樂教義中心」，首要工作為培訓協助堂區牧靈工作的義務使徒。

[15] 當時因東部缺少就業機會，許多台東的少年在小學畢業後就直接到西部的工廠做小工。為讓台東青年有學習一技之長的機會，錫質平神父號召瑞士的天主教職工，並邀請瑞士和德國的年輕技工來台，創立了這所學校。公東高工創立初期的技工老師和工廠主任，皆由來到台灣奉獻己力的天主教職工擔任。

[16] 前身為 1965 年由雷化民神父創立的「學徒班」，特別幫助無力負擔學費的貧困原住民學習一技之長。

[17] 最初由聖母醫療傳教修女會（Medical Missionaries of Mary）負責，後由仁愛會（Daughters of Charity）修女接辦。

[18] 儲蓄互助社是一群有共同關係的人，在資金融通上互相幫助的組織，這個組織促進社員節儉金錢，並將這些錢以最合理的利息貸給社員，俾改善社員的生活及提高他們的生產，是一個提供方便存錢、借錢、還錢的集合投資者、經營者與使用者於一身的人性發展組織。（簡鴻模，2002）

Grichting Wolfgang）、畢少夫神父（Rev. Bischofberger Otto）、吳若石神父（Rev. Eugster Josef）、梅致理神父（Rev. Meili Josef）等人[19]，其中有多位會士至今仍定居台東。

西元1962年，梵二大公會議後，全球進行教會本地化，來到台東的白冷會士不乏民族音樂學家、人類學家及社會學家[20]，投入大量心力催化原住民各族語言和閩南語聖歌、彌撒曲創作，以及聖經與禮儀經文翻譯工作，並進行文化與傳統宗教等研究，這些研究及工作成果成為日後台灣原住民族文化研究不可或缺的資料。

（四）自立時期（西元1972-1990年）

地方教會穩健成長，本地教友也必須承擔教會使命，因此白冷會在此階段極力推動、落實堂區自養工作，使各堂區經濟能力逐步厚實，以利日後培育義務使徒與建立教友傳教協進會，增進地方教友自治和福傳[21]能力。

（五）傳承階段（西元1991年後）

轉眼六十載，白冷會已完成建立本地教會的使命，許多堂區業已交付本地聖職人員接管，而教育、醫療、社會慈善等各項事業也由花蓮教區接掌。尚留在台灣的白冷會士繼續以夥伴關係和教區及其他修會進行傳教工作，而多位當初懷抱拓荒精神，奉獻

---

[19] 詳請參閱台灣白冷會網站 http：//www.smb.tw/Bethlehem%20Missionare%20in%20China%20und%20Taiwan-chin.pdf，最後檢索日期：2018/2/10。

[20] 例如民族音樂學家林神父（Rev. Jodef Lenherr）、人類學家畢少夫神父、社會學家顧浩定神父、傅士義神父等。（趙麗珠編，2003：59-60）

[21] 即傳福音，或稱宣道。

畢生歲月離鄉背井來到台東開教、為貧困者服務的白冷會士，也選擇在台灣的土地長眠[22]。

第二節　知本天主堂的發展：1953-1992 年

一、白冷會開拓時期（1953-1970）

西元 1953 年，首先向卑南族宣傳福音的人，是當時落腳於台東鎮的白冷會會士石多福神父[23]與錫質平神父。石神父因精通日語和中文，能夠流利地和年長者交往溝通。（知本天主堂編，2006：8）錫神父租下一間房子做為傳道所[24]，當時協助兩位神父的傳教員是來自西部的林文筆先生，他熱切真誠信主，積極宣揚福音，在短短數個月之後，就使第一批當地教友領洗。錫神父在他的日記[25]中第一次提到知本：

> 1953 年：知本有個林文筆跑來，說有真耶穌教會，天主教應該馬上去傳教，但是我無法到他住的地方，因為沒有入山證，所以我們到美和去，和該教會（真耶穌會）的代表討論兩個多小時，請他們到台東和我們進一步討論，但是沒有進展。

---

[22] 孔世舟、胡恩博、紀守常、龔岱恩、錫質平、周維道、蘇德豐、池作基、史泰南、費道宏等多位神父皆在台灣安葬。

[23] 石多福神父原先在日本和中國傳教，因會說日語和國語而來台灣，但只在台灣停留半年。

[24] 位於現今教堂巷口左手邊（向崎仔頭側）第一間平房。

[25] 錫質平神父自在東部開教便有寫日記的習慣，白冷會開教的情形幾乎都保存於其日記當中，紀錄時間長達約三十年，日記以德文書寫，內容多為簡單扼要的紀錄。本研究所引用關於知本開教情況之紀錄由白冷會歐思定修士協助翻譯，特此感謝。

上述紀錄顯示真耶穌教會比天主教會傳入得早，原本錫神父希望能和真耶穌教會討論宣教事宜，但未得到回應，於是自力開教。

隔年，錫神父買下一塊鄰近於族人祭祖聖地的空地。1955 年，龔岱恩神父接掌第一任本堂司鐸，進駐知本村，當時為慶祝此事，在祭祖聖地附近舉辦了熱鬧的慶祝會。然而部落族人並非一開始就接受這位洋人神父，甚至企盼他們的神能夠顯靈，嚇跑這位冒犯聖地之人；但經過多日觀望，這位「冒犯者」安然無恙，而願意接受天主教的部落族人，在第一位當地傳教員一朱培德先生的鼓勵、推動和陪伴下，成為新的望教友[26]，開始接受信仰的教誨。透過錫質平神父與龔岱恩神父的努力，知本的第一座小瓦房聖堂完成，並祝聖[27]啟用。同年，錫神父又在知本另購一塊土地，此地是原先部落 karuma'an（祖靈屋）所在地，三大家族的祖靈屋以及私人的祖靈屋皆聚集在此，亦為舉行祭儀之處；當時三大家族的最高領袖及長老紛紛接受天主教，遂吩咐族人拆除原有的祖靈屋，以便建造更大的教堂，作為整個部落最重要的祭祀場所。該年 12 月 8 日聖母無原罪瞻禮[28]，新教堂落成，花蓮監牧區費聲遠主教前來祝聖啟用。關於此段建堂歷史，錫神父在其日記中寫下了紀錄：

> 1954 年 6 月 28 日：在知本買土地。這塊土地有好幾個地主，因為有些地主還沒交稅金，所以有些麻煩。

---

[26] 對天主教的道理有興趣，正在修習慕道課程，尚未領洗成為正式教友者，也可稱為慕道者。

[27] 祝聖（consecration），源自古希臘文，意思是「與神聖連結」。在天主教會中，祝聖是用來分別事物之世俗或神聖的屬性。

[28] 天主教慶日之一，日期為每年 12 月 8 日，是慶祝聖母瑪利亞獲得無原罪恩賜的紀念日。

1954 年 12 月 14 日：在知本討論建教堂，很麻煩。當地負責的神父是龔神父，但他好像不是正式的本堂，他還在學習閩南話，就做一些工作。本來朱培德先生領導他們自己建堂，連竹子做的房子都要兩萬五千元。請蓋房子的洪先生做鋼骨水泥的房子，預算要三萬三千元，所以決定給他蓋。而且把這教堂的位置設在一進門的地方，後面的空間將來還可以做別的事情。建堂時我大部分都在知本監工。

1955 年：知本教堂完工。

1955 年 2 月 2 日：知本教堂落成。

1955 年 5 月 28 日：在知本另外再買一塊土地，那片地上都是小神社（祖靈屋）。

1956 年 7 月 10 日：知本的房子（新教堂）發包，我們派一個姓連的老教友去監工，但是他不認真，做得不好。

1956 年 12 月 8 日：聖母無原罪節日，教堂落成，並將聖母無原罪做為主保[29]。

1956 年，費道宏神父向國外募款，創立「天真幼稚園」，成為知本地區第一所幼稚園，教育無數知本的孩童。同年，費神父接任知本天主堂主任司鐸，他努力學習卑南族語和傳統文化、生活習俗，更積極宣道，促使鄰近的建和、溫泉、華源等村落都建立起傳道所，並在往後幾年皆興建了教堂（參見表 3-2）。

---

[29] 主保聖人，簡稱主保，原西班牙文 Patron Saint，起源於恭敬護守天使(Guardian Angel)的禮儀。天主教相信天主委派天使，保護天主所造的每一受造物；聖人則是因為全心跟從天主而行天主樂意之事，是教友們的楷模；因此，天主教徒領洗時會得到一位主保聖人之名，也可說是教徒在教會中的名字，以該主保聖人在世的作為為學習榜樣和精神領導，透過祈禱，主保聖人也不停地在引導、輔助世人，更認識、愛慕、追隨耶穌，承行天主的聖意。各堂區、教會學校、修會甚或國家也都會有主保聖人。

表 3-2 知本堂區（早期）教堂概覽

教堂名稱	堂區主保	材料	祝聖日期	建造者	現況（西元 2018 年）
知本天主堂	Immaculata Conceptio	水泥鋼筋	1956.12.8	龔岱恩神父	使用中
華源天主堂[30]	Christus Rex	水泥木料	1957.12.8	費道宏神父	教堂建物仍存，但已荒廢
建和天主堂	Resurrectio Christi	水泥木料	1958.2.2	費道宏神父	土地轉售，教堂已消失
溫泉天主堂	Ascensio D.N.J.C	水泥木料	1962.10.18	費道宏神父	1973 年遭颱風沖毀，後逢土地徵收，教堂已消失

資料來源：黃連生編（1995：33-40）、陳映君田野資料（2017）。製表：陳映君。

在光復時期，政府因未能理解部落傳統青年集會所 palakuwan 之性質及其對部落的功能，認為聚眾易生事端，加上曾發生誤會事件[31]，palakuwan 遂遭禁解散。palakuwan 解散後，部落知識份子一直希望能夠重建會所，於是商議由當時的天主教教友代表會主席及數位原住民教友向費神父解說會所之重要性，表達渴望重建會所一事。費神父深受感動，也認為會所的教育功能很有意義，而向國外募款，在 1962 年成立「知本天主堂公教青年館」，再次振興青年會所，惟因時代變遷，「公教青年館」之性質及功能已異於傳統青年會所[32]。

[30]《白冷會在中國傳教史料》（黃連生編，1995）記載華原堂，建造者為孫惠眾神父，經筆者與白冷會歐修士比對考據，書中所載有誤，地名正確寫法為「華源」，教堂建造者為負責該地區傳教工作的費道宏神父。

[31] 按當地習慣，族人在結婚典禮之日，會所中服役級的青少年 valisen 階級都要出動幫忙，婚宴之後 valisen 才可將剩下的菜餚帶到角落享用。有個 valisen 不守常規，吃飽後就睡在桌子上，此畫面可說讓 valisen 失了面子。這個情形被青年級 vangasaran 的人發現，把所有 valisen 召集到會所，以連坐法抽打屁股懲罰他們。犯錯者向父親報告，父親出於疼愛兒子遂向派出所告狀。外省籍警員在不懂當地禮俗之下，便即刻禁止此規矩，認為是野蠻習俗，且不容許再有類似聚會。（曾建次編譯 1998：169-170）

[32] 雖正式名稱為「知本天主堂公教青年館」，族人還是以 palakuwan 稱之。

公教青年館除了提供聚會的空間學習文化傳承，還能接觸天主教的道理。傳統青年會所只有男性可參加，但公教青年館為女性成立裁縫班，並蓋了一間裁縫工作室，讓女性學習技能，方便她們能夠在家裡做裁縫工作貼補家用；公教青年館便依性別分為兩個班，男性由已婚階級管理。然而歷時不久，大時代的變遷風氣也來到部落，年輕人紛紛離開家鄉出外工作，以及適逢青年服兵役潮，留在 palakuwan 的人便寥寥可數，終在 1968 年解散，而解散之後的 palakuwan 則成為幼稚園的教室空間。

此時期知本地區協助傳教工作的傳教員有：朱培德、陳達治、林照清、陳明功、賴英義、林德生、黃瑪竇（漢人）、黃錫（漢人）、鄭明哲（漢人）、徐玉龍（漢人）、洪玉華等人（知本天主堂，2006：10），在他們與神父的努力之下，知本地區的教友曾多達全村三分之二，費聲遠主教也多次來到知本為教友付堅振[33]。

二、自立時期（1970-1990 年代）

1972 年 3 月，知本卑南族青年洪源成、曾建次執事[34]在知本天主堂由費聲遠主教祝聖，晉升為司鐸。這在當時是極其重要的

[33] 天主教認為堅振為三件入門聖事（聖洗、堅振及聖體）之一，其中聖洗被認為是重生的聖事，堅振代表在聖神內作基督見證的聖事，而聖體是生命之糧與基督結合的聖事。堅振聖事（confirmation）象徵人通過洗禮與主建立的關係獲得鞏固。根據《天主教法典—拉丁文中文版》879 條：「堅振聖事賦予神印，藉此，已領洗的人繼續走基督信徒已開始的途徑，因聖神的恩惠而富有，與教會更密切地結合；堅強領受的人，更強烈要求他們以言行做基督的見證人，宣揚並衛護信仰。」。（台灣地區主教團秘書處，1992：367）

[34] 執事（deacon）一詞，源於希臘文 diakonos，原文動詞 diakonein，名詞 diakonia，為服務之意，因此 deacon 即指服務的人。執事在聖統制教會裡，是比司祭（七品）低一級的聖職人員，因此古稱「六品」。執事有一些比較重要的服務工作：施行洗禮、協助婚禮、並以教會名義舉行祝福禮、帶領祈禱儀式及聖道禮儀。執事可施行聖儀、教導信友、

大事，當日來到知本天主堂參禮的神長、修女、教友將近兩千五百人（圖 3-1），可說是萬人空巷，原住民族教友身著各族群的傳統服飾，以歌舞慶祝兩位晉鐸的本地神職人員，南王部落的音樂家陸森寶先生也為此創作了〈神職晉鐸〉（歌譜請見圖 3-2）一曲，歌頌慶賀兩位神父、視為卑南族的榮耀：

> 一、我們大家齊來歡樂，那戴上花冠又聖潔的青年是被指定有聖召的，曾神父—我們的領導人，提升了卑南族的名聲。
>
> 二、我們齊來高聲歡唱，那戴上羽毛標誌又聖潔的青年是被召選的，洪神父—我們的領導人，光耀了卑南族的名聲。
>
> 三、我們來集會跳舞，那穿上司祭衣又聖潔的晉升者，光照了我們的成長，曾神父、洪神父但願永遠揚名立萬。[35]

圖 3-1 1972 年 3 月 21 日，知本卑南族青年洪源成、曾建次晉鐸，知本天主堂前廣場擠滿觀禮人潮。

圖片來源：知本天主堂編（2006：100）。

以教會名義宣講、主持葬禮。但是堅振、告解、聖體、病人傳油等聖事則保留給司鐸，聖職聖事則保留給主教。（輔仁神學著作編譯會，1998：582）

[35] 資料來源：http：//fasdt.yam.org.tw/refer/upgrade.html，歌詞由陳光榮翻譯說明，胡台麗整理。

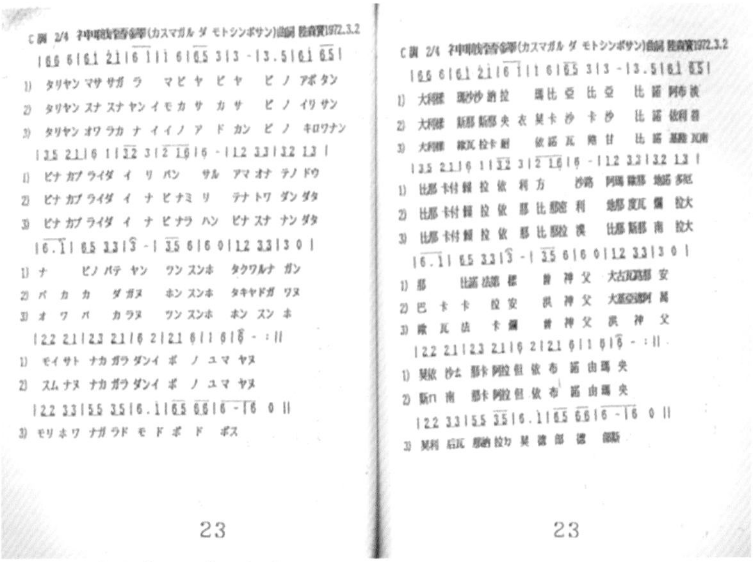

圖 3-2 《神職晉鐸》歌譜。
資料來源：《知本天主堂天主教卑南族歌本》（自行編印），頁 23。

在兩位優秀的神父晉鐸前幾年，知本堂區的女青年吳富妹在馬蘭天主堂宣發初願[36]，進入聖十字架會成為修女，而在 1990 年初，又有一位女青年王正菱進入聖十字架修女會[37]，知本堂區的聖召人數相較其他堂區可謂多數，如此充滿聖寵[38]的堂區實為難能可貴。除了聖召成果豐碩，堂區也開始步入自養階段。1979 年夏季，聖堂歷經多年風吹雨打，原有的防水、防熱建材已失去效用，本

[36] 修女加入修會前，首先要經過半年至兩年的「望會」，此期間是讓欲入會者了解修會生活，同時修會也評估該人是否適合修會。通過望會後，欲入會者經過「保守」禮儀，經歷半年至一年的時間，透過課程等安排，更加深入了解修會。而後進入兩年「初學」階段，學習如何當一位修女，亦可說是修女身份的實習，學習重點在修會的祈禱生活和修會實踐使命的工作。通過初學後，宣發「初願」(或稱「暫願」)，遵守貞節、服從、神貧，正式進入修會，在各種場合皆以修女的身份生活，並繼續學習，通常為期六年。經過長期的學習、分辨，確定能夠全身、心過奉獻生活的修女始能宣發「終身願」，表明終身效法基督，按照天主的旨意生活。

[37] 2017/8/30 田野筆記。口述：王正元，地點：建業里。

[38] 天主教中稱由主賜給人的恩典為「聖寵」或「恩寵」。

堂教友與學生通力合作將之去除，再請廠商重置結構，終在 11 月 14 日完工。同年，瑪爾大女修會[39]的修女進駐知本天主堂，負責管理幼稚園及協助本堂牧靈福傳工作。（知本天主堂編，2006：14）

1984 年，為供教友禮敬、朝拜聖母，於堂區內興建聖母亭，由教友代表盧華昌先生負責設計。1988 年 5 月 18 日，費道宏神父安息主懷；為紀念費道宏神父對知本堂區無私的奉獻，全體教友有錢出錢、有力出力，在聖母亭旁設立紀念碑，於 1992 年 5 月 18 日完成。天真幼稚園也於 1985 年立案，為紀念創園者費道宏神父，更名為道宏幼稚園。（知本天主堂編，2006：14-15）

在此階段，知本天主堂的硬體設施及堂區分工組織完整建立，成為財務經濟和教友人力皆能自立、自養的堂區。此時期的重要人物一曾建次主教，晉鐸之後便在知本天主堂擔任本堂主任司鐸約十五年的時間（知本天主堂歷任司鐸請參見表 3-3），雖中途曾短暫調任其他堂區，但其號召力與影響力帶動了知本教友，促使教友積極活躍參與堂區事務，也影響了日後教會與文化復振的推動與進行。

[39] 花蓮教區的修女會，以「如基督不是來受服侍，而是來服侍人，且為最小弟兄們服務」為使命。

表 3-3 知本天主堂歷任司鐸

司鐸姓名	任期（西元年）	所屬單位	備註
錫質平神父	1953 年 10 月至知本村宣教	白冷會	知本開教神父，非本堂司鐸。1985 年 3 月安息主懷
龔岱恩神父	1955-1957	白冷會	1989 年 10 月 12 日安息主懷
費道宏神父	1957-1959 1963-1974	白冷會	卸任後依然住在知本堂區至 1985 年，1986 年返回瑞士，1988 年 5 月 18 日安息主懷
蘇德豐神父	1959（副本堂） 1962-1963	白冷會	1989 年 12 月 10 日安息主懷
曾建次神父	1972-1974 1977-1980 1985-1996	花蓮教區	知本卑南族人，1998 年晉升為花蓮教區輔理主教，為台灣天主教第一位原住民主教
石朝秋神父	1991-1992（副本堂）	花蓮教區	
艾格里神父	1974-1977	白冷會	
洪源成神父	1996-2001	花蓮教區	知本卑南族人，2016 年 12 月 5 日安息主懷
陳春安神父	2001-2002	花蓮教區	知本卑南族人
段泰平神父	2002-2011	花蓮教區	越南籍
關芝勇神父	2011-	花蓮教區	瑞士籍

資料來源：知本天主堂編（2006）、陳映君田野筆記（2016-2017）。製表：陳映君。

在開拓到逐步自立的過程中，天主堂同時也是部落舉辦小米收穫祭的場地。部落傳統會所雖遭國民政府解散，但年長者認為必須維持收穫祭跳傳統舞的習慣，而正好天主堂場地寬闊，當時部落族人也有半數以上加入天主教，於是收穫祭便在教堂的廣場繼續舉辦[40]。

[40] 2016/09/08、2016/11/14 田野筆記，口述：盧英志、曾建次，地點：知本天主堂、台東市白冷會會院。

1970 年初，當時鎮公所[41]提議由部落提供土地，政府提供經費，規劃在部落內興建一個活動中心。部落族人一心想要建造屬於部落的 palakuwan，便有幾戶熱心人家將土地捐出，全村的人幫忙填土；然而建成之後，與族人的想像差距甚大，且此活動中心空間狹小（即今日建業里活動中心）僅足以作為會議用途，無法成為祭典舉辦的場地，因此收穫祭仍在天主堂舉辦。然而過了幾年，部落開始出現不要在天主堂舉辦收穫祭的聲音，有些非天主教友對於收穫祭在天主堂舉辦提出質疑[42]。至 1978 年，當時部落的 rahan 向青年會長要求要將 talingelr（精神圖騰）遷出教堂[43]，然而當時也沒有其他場地適合舉辦收穫祭，遂形成 talingelr 豎立在活動中心，祭典活動在天主堂舉辦之情形。

祭典場地與 talingelr 分離的情況持續至 1992 年，部落申請取得現今部落文化園區之場地，1993 年祭典正式移出天主堂。（鄭丞志，2006：72）雖然天主堂不再是活動主體，但多數活躍於部落事務的族人皆是教友，加上當時天主堂的本堂神父是大力提倡文化與信仰結合的曾建次主教，天主教會依然緊密連動著部落的文化復振之路，朝下一個階段邁進。

---

[41] 1974 年，知本村劃歸台東鎮並成為知本里；1976 年，臺東鎮改制為臺東市，知本里改為知本里及建業里。

[42] 2016/09/02、2016/09/08 田野筆記，口述：林茂盛、盧英志，地點：知本掃尬麵店、知本天主堂。

[43] rahan 夢見若 talingelr 繼續立在教堂，會招致他自己生病甚至死亡，此事件詳可參閱鄭丞志（2006：40-43）之研究。

第三節　知本天主堂的發展：1993 年之後

一、從教堂開始的文化復振之路

過去有關卡大地布部落的研究，皆以 1993 年收穫祭場地遷出天主堂作為部落開始進行文化復振工作的指標事件與年份。收穫祭場地正式遷出天主堂，除了前一節所述部落開始出現不願在天主堂舉辦收穫祭的聲音，以及 rahan 要求將 talingelr 遷出天主堂此二因素之氛圍影響，尚有 1992 年國家劇院樂舞演出一事，間接促使收穫祭場地正式從天主堂遷出。

國家劇院「台灣原住民族樂舞系列—1992 卑南篇」，主辦單位透過當時本堂神父曾主教的協助，研議適合做為卡大地布部落代表性的表演內容，並邀請部落族人參與演出[44]。該次演出因為包含卑南族所有部落，每個部落的內容呈現各具特色，為部落族人而言是互相觀摩學習的機會，同時也激發族人重新檢視自己部落的傳統文化、找回自身族群的自信（林頌恩，2004：149； 鄭丞志，2006：43-45；），並成為日後部落文化復振與保存的動能。

受到文化復甦的風氣影響，亦考量有些非天主教族人不樂意進入天主堂的空間，因而將收穫祭遷出教堂舉辦的聲音漸多，族人也積極向公部門爭取能夠運用的公共空間。1993 年，小米收穫祭正式轉移至今日的部落文化園區，收穫祭不復於天主堂舉辦；

[44] 卡大地布部落負責的節目是收穫祭的 putengalr，族人漢譯勇士精神舞，詳見本文第一章註 9。

然而天主堂並沒有因此與部落脫節，而是緊密地連結著部落事務，特別是文化方面的工作，以下列點分別敘述：

（一）田野資料錄音保存

費道宏神父在知本時，勤學卑南族語，並邀請瑞士籍人類學家山道明神父（Rev. Dominik Schröder, S.V.D）[45]於 1964 年至 1971 年間多次來到卡大地布部落，共同進行田野訪談和錄音。錫質平神父的日記亦有關於山神父前來研究的紀錄：

> 1964 年 7 月 20 日：德國來的山道明神父來知本，和費神父研究當地民族的風俗習慣、起源傳說等故事。
>
> 1965 年 4 月份：山神父再次拜訪。
>
> 1967 年 2 月份：山道明神父再訪。

兩位神父在研究期間，每天請一至二位不同的長者，把他們所懂得、聽過的故事、所知道的祭儀經文逐一口述，也召集了部落三位頭目和 pulingau，請他們把在祭典當中所唸的，以及治療病人所使用的經文敘述出來；在此期間受訪問的長者約有一、二十位，這些長者當時的年齡約六、七十歲。兩位神父將長者所記憶的東西全部錄製在錄音帶裡，一面錄音一面研究，留下德文的文字資料。山神父結束在知本的工作後，願意把這些錄音帶留給知本族人，但當時知本的長輩一方面覺得沒有機器可以聽錄音帶，

[45] 山道明神父（1910-1974）為聖言會（Societas Verbi Divini, S.V.D）會士，擁有民族學博士學位，並時常在 *Anthropos* 等重要國際人類學期刊發表文章，更曾任該刊物總編輯。他於 1938 年受修會指派，遠赴中國大陸進行傳教工作，同時在西寧一帶從事蒙古人的研究；返回歐洲後繼續民族學研究，取得博士學位。山道明神父曾任教於北京輔仁大學、巴賽隆納聖奧古斯丁大學及名古屋南山大學。山道明神父與費道宏神父在 1964 年相識於嘉義，受費神父鼓勵，山神父來到知本進行研究工作，前後停留約 550 天。關於山道明神父之事略，詳請參閱山道明、安東原著，陳文德主編（2009：V-X）。

一方面認為這些關於部落的事情已存於腦海中，並不需要這樣的東西，因此沒有將資料留下，神父便把所有的錄音帶與資料帶回德國保存。（知本天主堂編，2006：26）

早在部落復振文化的意識興起之前，曾建次主教已受原運時代背景影響，懷著對自身文化的熱情和使命感，希望著手恢復部落傳統祭儀，於是分別在 1980 年和 1983 年向教會請假親赴德國，將費神父與山神父的田野資料和一百多捲錄音帶拷貝，分批帶回台灣。1992 年後，部落開始文化復振、恢復祭典內容的依據正是這些民族誌資料[46]。

（二）尋根活動

1993 年，知本天主堂的教友為首，帶領部落近百位族人，首度重返部落遺址 Tusariyariyang[47]，並在遺址山凹處安放聖母像[48]，以供入山者祈禱（請見圖 3-3、3-4）。往後幾年在曾主教帶領之下，族人重返 Kazekalran[49]、Kanalilraw[50]、Ruvaruvangan[51]、Silrivan[52]

---

[46] 根據田野訪談，當初部落幹部集合在天主堂討論待恢復的祭典內容，綜合曾主教帶回的田野資料，並拜訪部落長輩，梳理其經驗與記憶，最終整合為部落往後祭典的內容。

[47] Tusariyariyang，語意為「水聲潺潺的地方」，位於知本溪上游一帶，為部落口傳遷移史中的一處舊居地，河岸旁亦有聚落遺跡。1993 年四月初，曾建次主教帶領卑南牧靈區知本、大南、新園、南王及下賓朗各部落的教友，以及對文化有興趣的知本族人，一行七、八十人，到此地舉行敬天祭祖儀式，並將聖母像安立於天然山洞中，希望教友除敬仰天主及耶穌基督以外，並要追根溯源，感念祖先恩澤。而後有些族人也會自動組隊到此尋根及祭祖。（林金德編著，2016：200-201）

[48] 據報導人所言，Tusariyariyang 地區最初安置三尊聖母像，外圍處兩尊，內部山凹族人稱「水晶宮」處一尊；後部落耆老林振春先生自行上山再安放一尊聖母像，共計四尊。之後族人較長時間未返 Tusariyariyang，林振春先生擔心聖母像無人照管，便上山逐一收回，現剩水晶宮內一尊聖母像待確認是否已取回，然因 2009 年八八風災後山路多坍塌，族人尚無法前往查看。（2018/4/4 田野筆記，口述：林茂盛，地點：知本掃尬麵店。）

[49] 地名意義請參閱第二章第一節註 10。1995 年六月，曾建次主教帶領族人回到此地探源尋根。

[50] Kanalilraw 為古地名，語意已不可考，是 Pakaruku 家族的古聚落之一。（林金德編著，2016：138）1996 年，曾主教帶領族人重返此地舊遺址尋根。

等舊部落遺址，並立下紀念碑。族人重返舊部落尋根探源的習慣自此建立，至今每年固定重返 Revuavua'an 祭祖，亦視情況重返其他各舊部落。

圖 3-3 1993 年第一批族人重返部落遺址 Tusariyariyang，並在內部山凹族人稱「水晶宮」處安放聖母像（圖中圈起處），作為日後朝聖處。照片中右一為當時傳協會長陳榮隆，右二為林振春，右三為報導人林茂盛，左一為前 pakaruku 家族 rahan 高明宗[53]。

圖片來源：知本天主堂編（2006：113）。

---

[51] Ruvaruvangan 為古地名，語意已不可考，位於知本森林遊樂區上方。依據口傳史，此聚落為卡大地布部落 Pakaruku 家族及建和部落的先祖居住地。（林金德編著，2016：186）1998 年，知本部落辦理 Ruvaruvangan 聚落遺址尋根活動，聯合建和部落族人重返舊部落，在遺址處祭告先祖，立下遺址紀念碑。（知本天主堂，2006：17）

[52] Silrivan 語意為「水源地汲水的地方」，位於知本青林的山腳下。此處地下水源豐富，又有小溪由上方流下來，因而山泉水終年不竭，是該地區的水源地，祖先汲水的地方。Pakaruku 家族遷居到今知本里大和路一帶之前，便居於此地。（林金德編著，2016：114）2000 年，再次接任知本天主堂主任司鐸的曾主教，帶領族人重回此地尋根，並立下紀念碑。

[53] 2018/4/7 田野筆記，口述：林茂盛，地點：知本掃尬麵店。

圖 3-4 Tusariyariyang 地區靠外處的聖母像。右一為林振春，右二為盧華昌，左者為 pakaruku 家族前任 rahan 高明宗[54]。
圖片來源：林金德編（2016：201）。

（三）族語保存

根據〈台灣原住民族文字的發展〉（李台元，2013：35），卑南語的羅馬字系統在台灣原住民族語言中是相對較晚創制的。該研究指出，台灣原住民族語言最早創制羅馬字系統者為：布農語、排灣語、太魯閣語、泰雅語、阿美語，創制時間在 1947 年之後至 1960 年之前；而較晚創制羅馬字系統者有卑南語、雅美語、

[54] 2018/4/7 田野筆記，口述：林茂盛，地點：知本掃尬麵店。

魯凱語、鄒語、賽夏語等，以及後經族群認定之各族，其中卑南語之創制年代最早為 1970 年，長老教會的傳道師張阿信[55]開始嘗試使用羅馬字來翻譯卑南語《聖詩》，至 1984 年，為便利聖經及聖詩翻譯工作，張阿信、曾建次、吳賢明[56]等人，共同創制了「卑南語字母」[57]。

除了族語字母的創制工作，曾主教亦致力族語翻譯工作，在教會典籍方面，出版了附聖歌本的卑南語彌撒經本《Senay Za Pulalihuwan 群族感頌（卑南族）》（1991）和《卑南語（石生系）四福音宗徒大事錄 Vati za Demaway》（2009）；關於族群文化的部分，他曾撰寫卡大地布部落口傳歷史、彙整部落文史以及編纂卑南語語彙和字典，出版品包括：《卑南族母語彙錄》（1997）、《祖靈的腳步－卑南族石生支系口傳史料》（1998）、《卑南族卡地布部落文史》（2005）、《卑南族簡易字典》（2009）。除書籍外，曾主教尚撰有多篇關於卡大地布部落文史的文章，無論在文化工作或是卑南族語發展上都是先驅人物。

（四）文化發展協會

卡大地布的祭典能夠順利恢復和運行，除了上述 1992 年參與國家戲劇院展演所得到的刺激與衝擊以外，尚需部落本身的凝聚與共識，以及當時部落中具重要影響力人物的參與，還有文化發

55 卑南族大巴六九（泰安）部落耆老，長老教會傳道師，著有《卑南族語簡易字典》（2016，台北：使徒出版）。
56 普悠瑪（南王）基督長老教會牧師。
57 關於卑南族語的書寫的歷史發展與現況，詳請參閱李台元（林志興、巴代 主編，2014：299-334）之研究。

展協會作為部落對外來資源的窗口與協助部落事務的角色；在卡大地布部落，重要影響力人物與文化發展協會之間關連緊密。

知本聚落[58]的卑南族人與漢人原先一起組成「知本社區發展協會」（前身為 1975 年成立之「知本社區理事會」，1992 年改組），然而在原漢共居的聚落中，攸關卑南人的事宜不一定也是知本社區理事會或者知本社區發展協會關注的焦點，特別是卑南人歲時祭儀等活動的舉行，因而在 1995 年五月，曾主教協助成立以卑南人為主體的「知本原住民發展委員會」，卡大地布部落開始著手文化復振，重新恢復各項中斷多年的傳統祭儀，並在曾主教的帶領下重返舊部落尋根。後因經費申請與核銷考量，於 1998 年十月改成立「卡地布文化發展協會」，曾主教為第一屆理事長。（知本天主堂編，2006：17；陳文德，2011：14）

根據陳文德（2011）之研究，協會早期運作重點在於部落組織重建，以及例如尋根活動的文化復振工作，改為文化發展協會之後，除了接續著上述工作，更積極配合社區總體營造和經濟、產業、觀光發展等活動或計畫，並爭取經費修繕傳統建築、規劃部落整體空間景觀、推動成立藝術工作室，卡大地布因而成為台東地區的社區營造典範之一。協會也是部落文史書籍、傳統歌謠專輯的出版單位；較特別的是，知本天主堂慶祝傳教 50 週年所編輯的《天主教花蓮教區聖母無原罪知本堂區 50 週年慶》（知本天主堂編，2006）亦由協會出版，筆者認為此與在舊部落安放聖母像一事，反映了協會重要幹部的天主教友身份，同時也說明天主教友在初期的協會事務佔有領導地位與影響力，牽動著部落的發

---

[58] 此指廣義上包含卑南族人及漢人居住的行政區劃範圍。

展和走向。然而經過時間流轉，協會、天主教會和部落之間的關係與各自的角色慢慢產生變化，其演變將於第五章詳述。

（五）原住民風格教堂建築

知本天主堂是台灣著名具有原住民風格的教堂，其主體結構是 1956 年完成的鋼筋水泥建築，1979 年時因原本的防水防熱質料年久失效，重新擺置鋼筋水泥。1997 年，適逢知本天主堂 40 週年慶，時任本堂神父的曾主教領導教友，共同規劃修繕知本天主堂，融入大量在地文化元素，成為具有當地原住民風格的教堂（圖 3-5）（知本天主堂編，2006：10-16），知本天主堂的外側圍牆也以彩繪石雕畫裝飾述說部落口傳故事及天主教開教過程，深具歷史意義，同時也是宗教在地化的體現；知本天主堂於 2004 年登錄為台東縣政府歷史建築，亦成為部落的特色景點及社區營造重點之一（顧超光主持，2013：1.2）。關於知本天主堂裝修為原民風格之過程及在地化意涵，於後第四章詳述。

圖 3-5 具原住民風格的知本天主堂內部。
攝影：陳映君，日期：2017/5/28。

由上述五點可見，許多研究將祭典場地由天主堂轉移一事視為天主堂與部落事務切割的分水嶺，但當時部落協會主要幹部多為天主教友，曾主教也是帶領部落的重要意見領袖，天主教會對於部落而言仍有相當程度的影響力。曾主教對於原住民文化的重視，使其於 1998 年為台灣地區主教團推選為主教團原住民牧靈委員會[59]主任委員，推動原住民牧靈工作。同此時期，卡大地布部落青年—陳春安於 1999 年晉鐸，成為第三位本地神父，也曾擔任知本天主堂的主任司鐸。筆者認為，宗教或其團體的影響力並非一夕之間因著某個事件就全然改變，而是在時間和人事的變遷之下漸進更迭；天主教對於部落的重要性在此時期仍可稱舉足輕重。

二、堂區現況（2010 年之後）

經過了時代背景、部落意識、權力輪掌等轉折，現今的知本天主堂是何樣貌？筆者在 2010 年首次接觸知本天主堂時，上一個時期在部落具有影響力的教友已逐漸凋零，神職人員也從白冷會神父和本地神父，轉為由花蓮教區指派的外籍神父；本研究以 2010 年以來至今之觀察，描繪知本天主堂近年的概況。

進入堂區介紹之前，在此先行說明天主教的組織架構。天主教為聖統制，其原文字根意義為「聖的主權」、「聖的來源」（輔

[59] 全名「天主教台灣地區主教團原住民牧靈委員會」，成立背景為天主教會於 1980 年代提倡本地化，然而改革方案與原住民地區脫節，為回應原住民教會之需求，主教團乃於 1998 年成立該委員會，宗旨為推動台灣原住民福傳牧靈工作，尊重各族群及各教區獨特發展面貌，建立原住民地方教會的主體意識。以實際行動協助各教區成立原住民牧靈委員會，經由各原住民地區神職人員及教友配合，推動主教團原住民牧靈委員會各項牧靈計畫，並提供建言、凝聚共識、共融互動，建立資源共用、活力的原住民本地教會。（丁立偉、詹嫦慧、孫大川合著，2004：276）

仁神學著作編譯會編，1998：788），因此聖統制是建立教會的制度與結構，亦即教會中擔負神聖權威職務的人，主要是領受聖秩聖事[60]者，依等級由上至下為主教、神父、執事三個位階。聖統制超越國家單位，可將其結構分為中樞組織與地方組織，中樞組織包含擁有最高治理權的教宗及世界主教團[61]，以及負責教會行政的中央機構一教廷；地方組織則為地區性的地方教會，依範圍可區分為主教團、教省、教區、總鐸區、堂區、修會、善會等，本研究對象知本天主堂之位階即為堂區。以下分為三部分，介紹知本天主堂現況。

（一）堂區組織

堂區由神職人員和教友組成，主要神職人員是神父，肩負堂區各項事務，是堂區的最高負責人。神父之職責為牧養人的靈魂[62]，除了主持彌撒之外，也必須進入人群，參與教友的生活、拜訪教友，舉凡婚喪喜慶或是家庭祈禱都須常與教友同在，因此神父對於堂區是非常重要的。本堂神父雖為最高領導者，但神父難以一人處理龐雜的堂區事務，因此通常由堂區教友組成傳協會協助堂務順利運作。

傳協會是整個堂區的組織，以本堂神父為首，包括堂區各善會的代表以及堂區的教友。傳協會的主要目的為集合整個堂區的

---

60 聖秩聖事為天主教會七件聖事之一，是特別授予男性神職人員的聖事，接受聖秩聖事者必須公開願意過完全奉獻的生活。

61 世界主教團是以教宗為元首，以主教們為成員，藉聖事的祝聖，和在聖統制內與該團元首及其他成員的共融而組成。（台灣地區主教團秘書處，1992：163）

62 簡稱「牧靈」。聖經中以「牧人」與「羊群」比喻耶穌與基督徒的關係；神職人員是在人世的牧者，得到天主的授權去牧養人的靈魂。牧養工作包含培育基督徒團體、悉心關注人們在靈性上及生活上的難題、為尋求生活方向的人指點迷津等。

人力與財力，在堂區神父的指導下，共同促進堂區教務發展。傳協會的工作包括堂區禮儀、推行家庭基督化、管理堂區經濟等。知本天主堂的傳協會共有九個小組，分別為：秘書組、會計與財務組、出納組、總務組、福傳組、禮儀組、活動組、青年組和教堂修繕工程組[63]（圖 3-6），各組負責的工作職掌請見表 3-4。

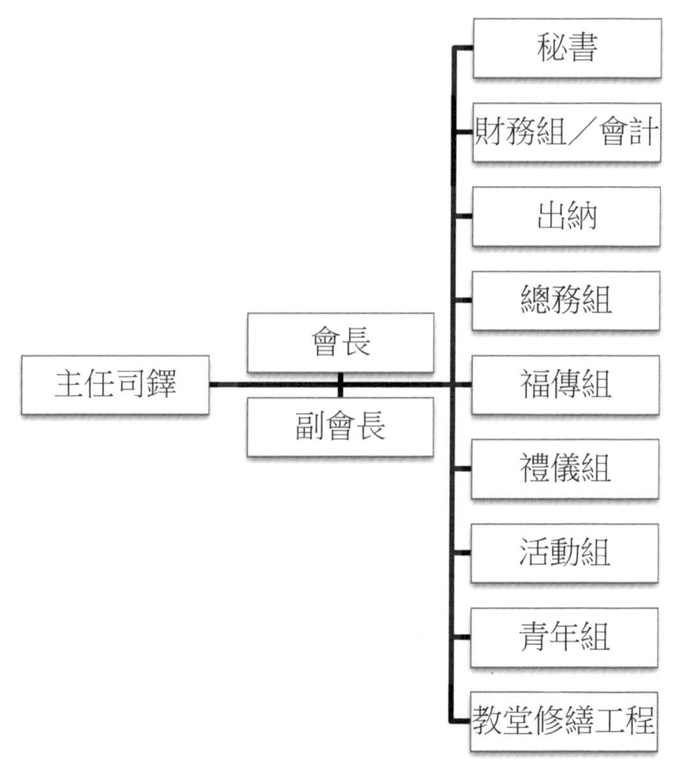

圖 3-6 知本天主堂傳協會組織表。
資料來源：知本天主堂。製圖：陳映君。

[63] 由於知本天主堂為台東縣政府登錄之歷史建築，堂區建築物修繕常申請公部門補助，因此有此組別，其他堂區較少見。

表 3-4 知本天主堂傳協會工作職掌

職稱／組別	工作職掌說明
主任司鐸	領導、決策所有堂區事務
會長	1. 綜理及督導傳協會各項事務會議與活動主持 2. 對外友堂、社（團）區、觀光、朝聖之聯繫，協調事宜
副會長	1. 協調各組幹部，並協助會長處理各項事務 2. 代理會長
秘書	1. 堂務、會務各項資料之編輯 2. 計劃撰寫 3. 按瞻禮主題設計製作看板
財務組／會計	1. 堂區財務管理
出納	2. 登記及公佈每月收支帳目 3. 年度結算之審理建檔 4. 建立愛德基金帳戶 5. 每週主日[64]及大瞻禮日奉獻金登記，每月結報會計 6. 各活動經費收支結報公佈 7. 採購物品
總務組	1. 堂區整體設施之維護列管、造冊 2. 倉庫整理 3. 承攬工程 4. 承租場地、物品租借及清掃聖堂環境之維護 5. 活動經費籌措
福傳組	協助本堂神父安排慕道者聆聽天主教義或道理
禮儀組	1. 主日、大瞻禮及各類彌撒安排各項目服務人員，並準備彌撒用品和聖堂佈置 2. 編訂全年要理班、慕道班、聖歌教唱、信仰講座、福傳善會、瞻禮慶日等規劃 3. 執行教友婚喪禮及各項祈禱 4. 馬槽佈置 5. 編排全年教友插花、清掃聖堂輪值表等
活動組	1. 慶日活動之計劃、設計、執行，如：聖誕節、復活節、清明祭祖、母親節、小米收獲感恩祭、父親節、中秋節、堂慶、春節等，並負責本堂與友堂、社（團）

[64] 「主日」即「主的日子」，依教會習慣，基督徒在當天會舉行宗教儀式，因此又稱為禮拜日。

職稱／組別	工作職掌說明
	區、部落間之交流、協調、連絡 2. 發送堂區活動通知單
青少年組	1. 舉辦學生主日學，要理班 2. 安排寒暑假信仰生活營
教堂修繕工程	堂區修繕工程期間與公部門之間溝通協調

資料來源：知本天主堂。製表：陳映君。

一般而言，堂區除了傳協會以外，尚有善會組織。台灣各地天主堂最廣為設立的善會是聖母軍，其宗旨是以祈禱和積極的合作，在教會領導之下和拓展福音的工作中，聖化[65]自己的團員。（香港聖母軍譯，1988：1-3）聖母軍在台灣各堂區非常普遍，有些堂區的聖母軍團員眾多，甚至出現「聖母軍一團」、「聖母軍二團」的團別劃分。根據田野訪談，知本天主堂也曾組織聖母軍團體，主要成員是堂區第一代教友[66]，然而隨著第一代教友相繼過世，加上沒有後輩教友承接，聖母軍大約在 1996 年左右凋零[67]，知本天主堂目前沒有任何善會，在台灣各個堂區中屬較特別的現象。

（二）教友組成

一般而言，每一個堂區備有教友登記簿，用以登錄在該堂區領洗教友的資料，亦將年度領洗人數呈報給教區作統計之用。筆者田野調查期間訪問知本天主堂現任本堂神父及傳協會幹部，欲

[65] 聖化 sanctification，源自拉丁文，包括 sanctus（聖）及 facere（做、做成）。在基督宗教的神學中，「聖化」指達到神聖的境界（成聖）的過程，也就是一個人的生活與行為日漸肖似天主的過程。（輔仁神學著作編譯會 編，1998：753）

[66] 據報導人所言，聖母軍的主要團員有呂貴英、廖桂蘭、陳昌妹、尤金花、田月嬌、孫靜妹、汪秋月等人。（2017/11/23 田野筆記，口述：呂美珠，地點：建業里自宅）

[67] 聖母軍後繼無人之因，報導人中有人認為是往後接任的本堂神父未積極推行，也有人認為是後輩教友不清楚聖母軍的運作情形，甚至根本不知道有聖母軍此一正式團體和名稱。

瞭解教友登記簿所載堂區教友人數，然而神父表示歷年來的教友登記簿所載內容缺乏系統，並出現重複登記或是已過世教友卻未註記等情形，需要重新仔細核查，因此本研究亦不採用教友登記簿之數字。

鑑於教友登記簿可能失真，加以簿上所登記者為曾領洗者，和實際進教堂參與彌撒及教會活動者可能有所出入，本研究以筆者田野調查期間參與知本天主堂彌撒時所觀察的教友出席人數，作為分析教友活動情形的依據（請見表 3-5）。根據觀察，知本天主堂雖曾有不少人領洗，但現今固定每週主日上教堂彌撒的人數多在 40 至 50 人。固定進堂的教友中，族群組成以當地卑南族人為主，僅有少數漢人和自外地遷居知本的教友；年齡層偏高，成人中有半數以上屬老年人，中壯年人數為次，接著是國、高中學生青年，以及國中以下隨著長輩進教堂的孩童；性別比例方面，女性多於男性一倍的情形為常態。

表 3-5 知本天主堂主日彌撒參與人數統計

日期	性別	年齡層統計（人）		總數（人）	備註
2016/7/10（日）	男	成人	6	29	部落小米收穫祭期間
		幼青	2		
	女	成人	14		
		幼青	7		
2016/7/17（日）	男	成人	7	33	部落小米收穫祭期間
		幼青	3		
	女	成人	19		
		幼青	4		
2016/7/24（日）	男	成人	9	48	
		幼青	6		
	女	成人	25		

日期	性別	年齡層統計（人）		總數（人）	備註
		幼青	8		
2016/8/7（日）	男	成人	19	53	喪家 11 人 父親節慶祝活動
		幼青	2		
	女	成人	29		
		幼青	3		
2016/8/14（日）	男	成人	17	49	喪家 5 人
		幼青	3		
	女	成人	27		
		幼青	2		
2016/8/28（日）	男	成人	12	47	
		幼青	8		
	女	成人	20		
		幼青	7		
2016/9/11（日）	男	成人	15	53	
		幼青	4		
	女	成人	26		
		幼青	8		
2016/11/13（日）	男	成人	10	52	
		幼青	5		
	女	成人	27		
		幼青	10		
2016/12/4（日）	男	成人	13	50 人	教堂整修，移至建業里活動中心彌撒
		幼青	3		
	女	成人	26		
		幼青	8		
2016/12/24（六）	男	成人	人數眾多,未能詳細記錄參與者年齡層	約 100 人	聖誕子夜彌撒
		幼青			
	女	成人			
		幼青			
2016/12/25（日）	男	成人	人數眾多,未能詳細記錄參與者年齡層	約 70 人	聖誕天明彌撒
		幼青			
	女	成人			
		幼青			
2017/4/15	男	成人	人數眾多,未	約 70 人	復活節前夕彌撒

日期	性別	年齡層統計（人）		總數（人）	備註
		幼青	能詳細記錄參與者年齡層		
	女	成人			
		幼青			
2017/4/16	男	成人	人數眾多，未能詳細記錄參與者年齡層	約 80 人	復活節
		幼青			
	女	成人			
		幼青			

資料來源：陳映君田野資料（2016-2017）。製表：陳映君。

對於天主教徒而言，參與彌撒是信仰的義務，也是特別神聖的時間，天主十誡[68]和教會四規[69]中皆明確規定教徒在主日要參加彌撒，因此教友上教堂彌撒的積極程度可視為衡量教友對於信仰熱切程度的參考之一。筆者在田野地常聽聞報導人指名「某某人是教友啊！他們全家都有領洗啊！」，或說「你看到的這些人都是教友啊！他的誰誰誰（親屬稱謂）都是啊！以前很虔誠，只是現在這輩的都不進堂了。」，綜合知本天主堂的歷史背景與田野調查所得，知本的領洗人數與實際進教堂的人數有相當程度的落差，現今教友中也出現同時相信漢人民間信仰或卑南族傳統信仰者，此現象待第五章深入探討。

68 天主十誡為：欽崇一天主在萬有之上、毋呼天主聖名以發虛誓、守瞻禮之日、孝敬父母、毋殺人、毋行邪淫、毋偷盜、毋妄證、毋願他人妻、毋貪他人財物。

69 教會四規內容為：要在各個主日及聖誕節參與全彌撒、要遵守聖教會所定大小齋期、要妥當告解並領聖體，每年至少一次、要盡力幫助聖教會的經費。

（三）教友生活與堂區活動

承上所述，參與彌撒是教友生活的重心之一，天主教徒按照教會所制定的「禮儀年」內容過基督生活，目的是為了紀念耶穌的救世奧蹟，梵二文獻對於禮儀年之意義有如下說明：

> 梵二文獻 禮儀憲章 102 號
>
> 慈母教會自信有責任，在每年的過程中，規定一些日子，以神聖的紀念，慶祝其天上淨配的救世大業。在每週稱為主日的那一天，紀念主的復活；並且每年一次，以最隆重的逾越典禮，連同主的榮福苦難，紀念其復活。教會在一年週期內，發揮基督的全部奧跡，從降孕、誕生，直到升天，聖神降臨，以至期待光榮的希望，及主的再來。教會如此紀念救贖奧蹟，給信友敞開主的德能與功勞的財富，並使奧蹟好像時常活現臨在，使信友親身接觸，充滿救恩。（台灣地區主教團秘書處編譯，2016：182-183）

天主教的禮儀可說是使教友年復一年不斷重現、經歷基督的奧蹟，藉以將其精神深化於生活當中。禮儀年的運作是以週期推算，因此每一年可能會隨西曆推移有些許更動（但節日或慶典是固定日期），各週期維持在相應的季節；知本天主堂的族人教友亦遵循這樣的禮儀生活，在每一年的不同時刻，以應有的精神和行為實踐信仰生活。天主教禮儀年之運作以圖 3-7 表示，輔以表 3-6 加以說明。

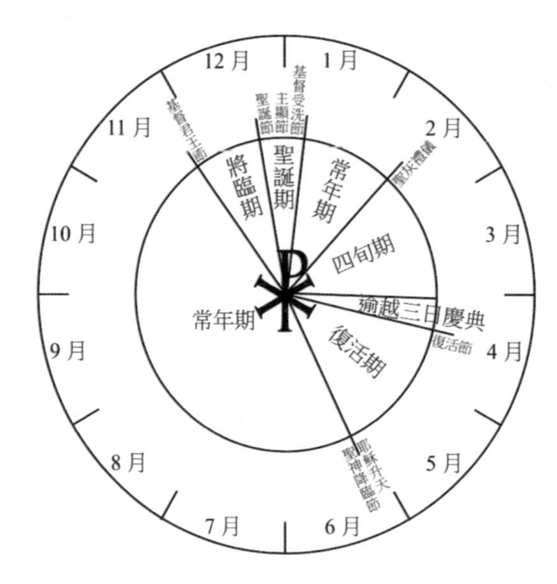

圖 3-7 天主教禮儀年曆。圖中之禮儀週期以各週期延伸向外的區分線及其旁小字所標示之節日為分割點。

資料來源：https：//www.hcd.org.tw/index.php/2013-12-16-09-09-02/2013-10-24-08-27-58/86-2014-05-12-01-34-37，製圖：陳映君。

表 3-6 天主教禮儀年週期內容

週期名稱	意義	時間
將臨期	為教會一年之始，將臨期的意義是準備迎接耶穌的來臨。	將臨期第一主日為由聖誕節（12 月 25 日）往前推算四個主日。將臨期由第一主日開始，到聖誕夜為止，其中包含了四個主日。
聖誕期	紀念耶穌降生成人，這代表救恩的開始，也是人性與神性交換的起點。聖誕夜是教會慶日的高峰。	始自聖誕夜，終於主顯節或一月六日後之主日，也就是基督受洗節。
常年期	常年期每週以主日為核心，是逾越節三日慶典的縮影，紀念耶穌的死亡與復活，並等待其再次來臨。	聖誕週期及逾越週期之外的禮儀年時段皆屬常年期，共有三十四個主日。常年期分成兩部分，第一部分是主受洗節後的星期一，直到聖灰禮儀前的星

週期名稱	意義	時間
		期二；第二部分是聖神降臨節後的星期一，到來年將臨期第一主日前夕。
四旬期	四旬期是天主教的齋戒期，為紀念耶穌在曠野中守齋祈禱、對抗誘惑，教友應效法耶穌，學習刻苦犧牲，準備好身心以善度復活佳節，紀念耶穌逾越死亡而復活。	由聖灰禮儀開始，直到主的晚餐慶典之前為止，約四十天，包括六個主日。
逾越三日慶典	天主子民跟隨三日慶節的精神，一同參與耶穌的受難、死亡與復活，是基督信仰的重點，也是基督徒禮儀生活的最高峰。	包括主的晚餐、主受難日，及復活節前夕。
復活期	耶穌的復活是基督徒信仰的中心，復活節是禮儀年中最盛大、歡樂的慶典。在經歷了四十天的刻苦、齋戒，全世界教會同享耶穌復活的光榮、喜樂及帶來的希望。	復活節起到聖神降臨節，共五十天，包括七個主日和耶穌升天節。

資料來源：整理自輔大禮儀研究中心 http：//theology.catholic.org.tw/public/liyi/topics_liturgicalyear_summary2.html 及天主教台北總教區教理推廣中心 http：//www.zhuyesu.org/Churchyear，最後檢索日期：2017/11/21。
製表：陳映君。

配合著教會禮儀年及慶日，並為了增進教友對信仰的體認、推動福傳工作進行，堂區亦安排許多活動，各堂區基本上大同小異，例如開設讀經班、舉辦兒童夏令營、報佳音活動、朝聖之旅、節日慶祝活動......等，以下將知本天主堂歷年按例舉行的年度活動整理製成表 3-7。

表 3-7 知本天主堂年度活動

月份	活動
1-4 月	春節團拜、清明彌撒、復活節慶祝活動
5-8 月	母親節慶祝活動、小米收穫祭感恩彌撒、兒童夏令營、父親節慶祝活動
9-12 月	玫瑰月家庭祈禱、煉靈月追思已亡彌撒或祈禱、堂慶、聖誕馬槽佈置、報佳音
常年性活動	讀經班

資料來源：知本天主堂、陳映君田野資料（2016-2017）。製表：陳映君。

筆者田野調查期間曾參與各項大小活動，觀察而得，當教堂舉辦節慶大禮彌撒，或若彌撒結束後有慶祝活動（宴席聚餐、表演、抽獎等），進教堂的人數會比一般主日彌撒多一至兩倍，有些人也自稱是「節日教友」，只在復活節、聖誕節等大節日才會進教堂，表示自己的天主教徒身份。至於家庭祈禱、報佳音等活動，參與者幾乎是平常固定會進教堂者，也就是堂區的核心教友。

教友進教堂與否，除了本身信仰的深度以外，還涉及部落的經濟發展型態、傳統社會組織和教堂人員管理等因素；此外，部落在 1992 年之後的文化復振，牽動族人對於卑南族傳統信仰的重視程度，而部落在不斷與外界接觸的過程中，其他宗教或漢人民間信仰也影響了族人在信仰層面上的價值或行為，種種因素交互作用下，部落和教友族人的信仰模式出現了複雜的現象，此部分將於第五章深入探討。

第四章　天主教在卡大地布部落的本地化

第一節　宗教本地化理論

本研究探討天主教在卑南族部落的發展、適應與變遷，過程涉及宗教與文化的相遇，因此主要採用本地化理論作為分析依據。宗教在地化或本地化的討論是學界長久以來不斷關注的議題，相關討論和整理為數豐富，本研究主要參考 Nicolas Standaert S.J.（鍾鳴旦）所著《本地化：談福音與文化》中所定義之本地化概念，並回顧天主教會在梵蒂岡第二次大公會議後對於原住民族之牧靈工作態度。

一、本地化理論

「本地化」（inculturation）為 1974 至 1975 年間在神學上出現的新辭彙，本地化又稱本土化、本位化或本色化，本研究採該書之用法使用「本地化」一詞；其定義為「一個外來的宗教，經歷一些改變，在接受它的文化中，自取一新的面貌。……重點所在是本有的文化，將另一文化中的某些新元素，吸收為己有。」（Nicolas Standaert S. J.著，陳寬薇譯，1993：31）。文化間的接觸以及來自地方文化的主動力，是本地化的兩個重要特徵，例如源於印度的佛教傳入中國後，逐漸改變、轉型，甚至產生新的宗派或發展出不同的藝術呈現，即為顯例。由此可歸結，本地化的主要動力來自地方文化，意即以地方文化為主體，吸收或轉化外來宗教某些新元素的動態性過程。

由於本地化的主要動力是來自地方文化本身，因此唯有地方人們先接受外來宗教中新的元素，才有可能出現後續的本地化；而外來宗教也必須先做出改變，例如傳教士主動學習地方的語言或生活方式，使地方人們接納，進而開始慢慢理解、接受外來的宗教，此種概念稱為適應（adaptation），在聖經中最常被引用的例子便是聖保祿[1]宗徒所言：「對猶太人，我就成為猶太人，為贏得猶太人；對於在法律下的人，我雖不在法律下，仍成為在法律下的人，為贏得那在法律下的人；對那些法律以外的人，我就成為法律以外的人，為贏得那些法律以外的人。」（思高聖經學會譯釋，2000，格前 9：20-21）。也就是說，在地化的進程是外來宗教的傳播者率先做出改變以適應某地的生活習慣、文化風俗，使當地人願意接受、理解，最終由當地人主動將文化與外來宗教融合、貫通，發展成為具有當地特色的樣貌，體現於禮儀、藝術、日常生活甚或思想當中。再進一步言之，「適應」乃外來宗教傳道人員必須付出的努力，而「本地化」則是地方文化中當地人的行動；兩者都是文化接觸的後果，傳道人員與當地人這兩股動力，事實上是交織並行的（Nicolas Standaert S. J.著，陳寬薇譯，1993：34）。因此，本地化過程的主要行動者並非外來傳教者，而是讓福音進入自己文化的一群人，如此才能夠在文化與宗教中收放自如，本地化亦可說是一個真正的轉化。

[1] 聖保祿（拉丁文 Paulus）原名掃祿，原籍猶太，青年時是一名虔誠狂熱的猶太教徒，對基督徒摧殘迫害，後受天主召選而歸化基督聖教，並極力奔走、勸化教外之人，傳揚福音直至地極，天主教會稱其為「外邦人的宗徒」。

然而為一個福音初傳之地而言，接受新的宗教信仰，可能不全然是美好歡悅的，反而是「經驗到似乎需要放棄自己的文化至某種程度時，似乎不是滋味。這種經驗所帶來的痛苦，甚至可說它是個十字架。」（同上引，1993：80）。為使福音能順利推展，本地化便不斷被提出，以解決接受新信仰者所面臨的痛苦經驗，而此動力正來自於與福音不完全相容的文化。從這個層面來看，本地化所涉及的不單只是神學或思想，更包含了基督徒的整體生活和具體經驗。

本地化與文化也是不可分割的，而文化的持續變動性，亦使得本地化是可以隨著文化的改變而更新的。不過在此必須釐清，福音的傳達雖可利用不同的方式，使之容易被接受與理解，但福音本身卻是不變不移、普世通用的，天主教的本地化落實即以不牴觸〈信經〉中之要點[2]為原則（張駿逸、劉少君，2014：143）；由此出發，本地化將宗教以各種不同文化的語言、藝術、儀式等形式呈現，除了是本土對於教會及信仰的認同，同時也增加教會的豐富性與活力，亦即「福音是更新文化的一股動力；其次，本地化足以充實普世教會。」（Nicolas Standaert S. J.著，陳寬薇譯，1993：44），無論對教會或文化本身，皆具積極正向意義。

[2] 信經中之要點為：信三位一體的聖父、聖子、聖神；信瑪利亞因聖神懷孕生耶穌；信耶穌為世人的罪被釘死在十字架上；信耶穌的復活；信公教會；信聖洗；信復活與來世的生命。（引自張駿逸、劉少君，2014：143 註 13）

二、梵二大公會議

西元 1965 年，天主教會市在羅馬結束為期四年的「梵蒂岡第二次大公會議」，此會議可說是天主教會在二十世紀的最大事件，其目標為確立教會如何適應當代的新挑戰。梵二所頒布的四個憲章一教會憲章、天主的啟示教義憲章、禮儀憲章、論教會在現代世界牧職憲章，內容強調四個改革方向：平信徒與神職人員、修道人共同負責教會使命；多公開為社會正義奮鬥，實現天國的理想；努力推行禮儀與信仰的本位化工作；多與其他基督宗教教派、非基督宗教及其他團體組織合作改善社會，使社會能以平等的態度尊重保護每一個個體（丁立偉等，2004：44）。回顧梵二文獻，該年代尚未出現「本地化」一詞，但〈禮儀憲章〉和〈論教會在現代世界牧職憲章〉中包含多項關於適應民族天性與傳統的原則，以及若干推進文化進展的原則，實際上即為本地化的概念與意涵，並揭示了可推行本地化的範圍，以下列舉兩例：

梵二文獻 禮儀憲章 37 號

只要不涉及信仰及全體公益，連在禮儀內，教會也無意強加嚴格一致的格式；反之，教會培養發展各民族的精神優長與天賦；在各民族的風俗中，只要不是和迷信錯誤無法分解者，教會都惠予衡量，並且盡可能保存其完整無損，甚至如果符合真正禮儀精神的條件，教會有時也會採納在禮儀中。（台灣地區主教團秘書處編譯，2016：157。）

梵二文獻 論教會在現代世界牧職憲章 58 號

> 在福音與人類文化間存在著許多聯繫。自天主啟示自身與其子民，至藉著祂降生成人的聖子充分發顯自身與人類時，曾依照各時代所有文化，而發表了談話。同樣，歷來生活於各式環境中的教會，曾利用不同文化，向萬民宣講福音，探究並深入了解福音，並在舉行禮儀及信友各種團體生活內，善加發揮福音的意義。同時，教會使命既是歸化一切民族，不分時代與地域，故教會與任何種族及國家，與任何個別生活方式及任何古的新的習俗，毫無例外地保有不可分解的關係。教會雖常忠實於其傳統，但仍能深入並生活於各式文化中。其結果，則是教會本身及各民族的文化內容，益加豐富。（台灣地區主教團秘書處編譯，2016：271）

梵二精神是天主教會對現代人類發展與社會問題的關懷，以及教會針對現代人類和各在地文化的需要所做出的適應與革新；此精神也正符合天主教傳教士在台灣所面臨隨著時代演進而產生的現象，例如國家經濟轉型步入工業社會，部落青壯年離鄉至都市尋求發展機會、勞工受壓榨、社會適應等問題。因此，落實梵二精神、推動本地化，便是 1960 年代以後台灣天主教會原住民牧靈工作的重點。

第二節　天主教在卡大地布部落的本地化情形

天主教信仰本地化的發展，從禮儀、音樂、服飾、雕刻、繪畫、建築、語言等各範疇，在世界各地有不同幅度的呈現，例如〈蓮花台上的耶穌—茨中藏族天主教信仰的本土化〉（張駿逸、劉少君，2014）當中即討論了天主教藏族如何在建築、禮儀和生活習慣中，將天主教信仰與藏族文化結合；《祖靈與天主：眉溪天主堂傳敎史初探》（簡鴻模，2002）和〈阿美族皈依天主教及其適應之研究—以太巴塱部落為例〉，探討了天主教信仰如何與原住民族的傳統信仰觀念相融，《達悟族宗教變遷與民族發展》（席萳・嘉斐弄，2009）則描述了傳統祭儀如何與天主教信仰合而為一；台灣多處教堂如台東金崙天主堂、屏東霧台天主堂、南投曲冰天主堂等，在教堂建築和聖像裝飾上都呈現了濃厚的本地化色彩，本節將筆者所觀察的知本天主堂之本地化情形逐一描述。

一、語言

教會禮儀本地化以語言為首要任務。全球天主教會皆遵循羅馬教廷所頒布的禮儀規章，並配合本地主教團（台灣地區為台灣主教團）的指示進行牧靈工作、善度靈修[3]生活。在梵二之前，彌撒的舉行使用的是拉丁文，參與彌撒的教友不一定全然理解彌撒當中神父所說的禱詞意義；梵二之後，各地開始將禮儀經本及聖經由拉丁文翻譯為當地語言，並使用當地語言進行彌撒。

白冷會士到知本傳教時，以日語和中文溝通，彌撒使用拉丁文，第一代教友族人對此仍有印象：「一開始是用英文的，我們都聽不懂，後來才變成講國語。」[4]。梵二之後，台灣天主教會的

[3] 依照教會所訂立的生活規範，所逐漸建立之修養身心的專門學識與修習過程。

[4] 報導人所述英文應為拉丁文。根據田野訪談，白冷會魏主安神父清楚回憶，台灣的彌撒一開始都是使用拉丁文，直到 1963 年依然如是，至 1965 年才開始轉變。（2016/8/15、2017/8/18 田野筆記。口述：尤二郎、魏主安，地點：建業里自宅、台東市白冷會會院。）

彌撒改為中文，知本天主堂亦跟進，但尚未有卑南族語的聖經，直至 1991 年，知本出身的本地神職人員曾建次輔理主教出版附聖歌本的卑南語彌撒經本《Senay Za Pulalihuwan 群族感頌(卑南族)》，並接著於 2009 年出版《卑南語（石生系）四福音宗徒大事錄 Vati za Demaway》，才有卑南族語的天主教典籍。前文已述，曾主教的卑南族語翻譯工作並不設限於教會典籍，而更廣及至族群文化的部分，他曾撰寫卡大地布部落口傳歷史、彙整部落文史以及編纂卑南語語彙和字典，且皆出版成冊。教會歌曲的部分，卑南族傳唱的族語彌撒曲和天主教歌曲，絕大多數為南王部落的音樂家陸森寶先生所作，至今仍流通於卑南族部落的教堂彌撒中頌唱。

目前知本天主堂的彌撒以中文進行，聖道禮儀中的讀經二由部落耆老尤二郎先生以卑南語直譯誦讀；彌撒歌曲使用台灣普遍通行的李振邦神父彌撒曲，及天主教教務協進會出版的《賀三納》歌本，卑南語聖歌固定只於每月第四週選唱，以及收穫祭感恩彌撒和聖誕報佳音活動時頌唱。彌撒中使用卑南語的頻率不高，與台灣原住民族母語能力普遍下降有關，另一個影響因素是台灣非常缺乏本地神職人員，現今有多數神職人員是從東南亞國家（主要是越南、印尼）調派來台，這些外籍神職人員若本身沒有融入本地的積極主動性，則溝通語言便只有中文，這也是台灣天主教會本地化所面臨的新挑戰。

二、教堂建築及裝飾

知本天主堂的主體結構是1956年完成的鋼筋水泥建築，1979年時因原本的防水防熱質料年久失效，重新擺置鋼筋水泥。1997年，適逢知本天主堂40週年慶，時任本堂神父的曾主教領導教友，共同規劃修繕知本天主堂，融入大量在地文化元素，成為具有當地原住民風格的教堂。知本天主堂腹地寬闊，整體園區設計及裝飾豐富而多元，筆者欲探討的重點在於教堂裝修的意念與過程，因而此僅針對本地化色彩最鮮明的聖堂本體（正殿、外觀）和天主堂圍牆做一概略簡述。

聖堂本體為一白色挑高建築，正面看相似漢字「凸」形，屋頂置有大十字架，外觀整體為白色，每一面牆緣以卑南族慣用之主色─黑色、紅色漆上顯著的連續菱形紋作為裝飾，正殿外支撐教堂本體的樑柱皆以知本天主堂主保無染原罪聖母之雕刻包覆（圖4-1）。內部正殿地板為石板所鋪成，祭台區域除地面石板外，加以傳統工法堆砌周圍石板牆面。祭台後方的耶穌苦像，使用卑南族之日常植物檳榔及竹子做出以耶穌苦像為中心散發光芒的視覺效果。祭台前安置原住民人形雕像燭台。祭台與苦像之間兩側以族人日常生活用具─米篩─做成具升降功能的對聯裝飾。祭台布及讀經台蓋布以卑南族圖紋十字繡呈現（圖4-2）。分隔祭台與教友座位席的階梯兩旁，分別為歷任本堂神父照片和知本天主堂歷代祖先牌位（圖4-3）。正殿除祭台以外的三側牆面上方繪有西方圖像的聖經故事。正殿內之樑柱以原住民九族[5]人形木雕包覆，正殿的教友座椅為附跪凳的長椅與風格強烈的原住民人形椅。正殿大門、奉獻箱皆為紅色系為主飾以黑、白色菱形圖紋的木雕。

[5] 聖堂整修年代原住民族族群識別為九族。

知本天主堂的聖堂內部及外觀皆以卑南族傳統喜愛的色調—黑、紅、白色為主體，彰顯此為具卑南族特色的聖堂。使用石板、檳榔、竹子等祖先常用的建材，使人感覺宛若置身卑南族的傳統家屋；特別的是，正殿內的聖像、祖先牌位、和歷任神父照片皆以竹子、茅草搭建小屋頂遮蓋，筆者認為這可能來自族人搭建Karuma'an（祖靈屋），將神靈或祖先安置在祖靈屋裡祭拜的習慣。教堂內的木雕人像、座椅，有族群融合的象徵意義；幾何雕刻紋路大體上以卑南族傳統菱形紋做發想設計，使族人一進聖堂，映入眼簾是熟悉的、習慣的文化氛圍。天主堂的圍牆以彩繪石雕，將一則又一則部落口傳史和天主教在知本開教的情景等文化與歷史信息，以硬體形式紀錄、呈現。

圖 4-1 知本天主堂聖堂本體外觀。知本天主堂於 2016 年底進行修繕工程，外觀重新粉刷及彩繪，此為 1997 年至 2016 年底之樣貌。
攝影：陳映君，日期：2016/4/2。

圖 4-2 知本天主堂祭台擺設。
攝影：陳映君，日期：2014/7/15。

圖 4-3 知本天主堂歷代祖先牌位。
攝影：陳映君，日期：2016/7/15。

關於知本天主堂之建築與裝置圖像的個別意涵，羅小婷〈卑南族知本天主堂建築之裝飾圖像詮釋〉已做詳盡研究，在此不逐一細探。本研究關注重點在於曾主教及教友對於教堂裝修的意念與過程，除筆者從事的田野調查外，尚能自羅小婷之研究中探見一二：

> 裝飾圖像主要來自本堂神父的構想，作者們以神父的想法為基礎去創作，是神職人員主導加上教友自立修繕的案例。……主要規劃設計的人幾乎為部落教友，幾乎沒受過藝術訓練，以觀摩、效法的方式，在遵循禮儀建築空間下進行的工程，部落信仰團體以大家一起來的方式，建立有歸屬感的教會。（羅小婷，2008：119）

筆者進行田野調查時，教友與曾主教分別回憶教堂裝修的過往，全體教友自願奉獻、出錢出力的情景：

> 主教以前帶我們的時候，哇～很熱鬧我們的生活。主教以前還在當我們這邊本堂的時候，跟我的先生還有皆興的爸爸（盧華昌）[6]，他們都是一起的，教堂的聖母都是他們做的，那邊有他們的名字。教會以前有什麼工作我們都是去做、去幫忙，像聖堂的石頭，都是我們去做的，有工錢可以拿，可是我們都沒有拿，都是送給教會，以前林爸爸在那邊做工，我們從來沒有拿過教堂的錢，我們都奉獻。......現在那邊也是我先生他們（做的）啊，我們就在那邊做小工，還有皆興的媽媽，我們都一毛錢都沒有拿，我們夫妻在教堂做從來沒有拿過錢。

[6] 1945 年生，虔誠教友，曾任知本天主堂傳教協進會會長，是知本天主堂裝修的主要整體設計者。個性嚴謹內斂，曾任部落青年會長，並積極參與部落事務，也是部落恢復傳統祭儀文化的主力人物，在部落內德高望重。

你看人頭雕刻的椅子，上面都有我們的名字，那就是我們奉獻的，比如說一個六千塊，我們就奉獻。（林秋蓮，2016/8/23）

我們以前去鹿野、去河邊找石頭，皆興的爸爸說要什麼，我們夫妻夫妻就出去了。（古明珠，2016/8/23）

知本在我做主教之前，他們非常強烈地要把自己的文化和自己的信仰融合在一起，所以當我們提出問題、舉出我們可以的做法的時候，他們非常樂意地去執行，所以才有現在的教堂。教堂裡面的修飾花了將近一年的時間，幾乎也不需要工資，只有一些買材料的錢，甚至於自己奉獻，就是認捐，要捐贈一個成品或自己製作，展示在聖堂裡面，有這樣的態度，所以差不多在那段時間大家都非常踴躍，以致於有現在的成果，這不是用錢去畫、去製作，你沒有錢就不用做，不是這樣，是大家起來，教會在這個本地四十年的時間，我們要慶祝四十週年慶，刷刷油漆、做一台教會的儀式、吃個飯、大家歡樂跳舞，這樣四十年就過去了，慶祝就過去了；可是他們那一代的不是這麼想，他們想：老一輩的給我們蓋了這個房子，到了我們這一輩，我們有能力的時候，我們什麼也不付出，也就是只有把舊的刷漆刷白一點，就這樣過好像有點淒涼，他們就想：我們要用什麼方式，才會顯出是很特別的，才會有現在這個成果，所以很辛苦地工作。然後就花了七、八個月，差不多每天都有（學）那個技巧，有的根本就不會，但是他們為了要使這個事情完成，一面學一面做，有時候大家彼此討論要怎麼做，才有現在的成品。（曾建次，2016/11/14）

在田野調查的過程中，教友提及過去曾主教擔任本堂神父的時光，在他的帶動下，教友們齊心協力、自動自發為了修繕教堂而打拼，即便辛苦也願意奉獻時間、精力，甚至是在當時相當可貴的金錢。筆者在報導人描述的過程中深深感受到他們散發著熱情和自信，而這份熱情和自信即來自於對信仰與對自身族群文化的認同。從教堂修繕的策劃到完工，最初來自曾主教的構想，希望能運用祖先教導的方式、祖先曾用過的材料來裝飾教堂；這樣的構想提出後，教友的凝聚力和使命感也被激發，同時身為天主教徒和卑南族人，兩種身份成為融合信仰與文化的動力，從盧華昌所說「希望從教會帶動部落，部落帶動整個原住民社會的發展」（羅小婷，2008：112），可以得知其使命感和對於教會的期待是相當濃烈的，甚至希望透過教會帶動整個民族，正是「對基督宗教而言，其真實的果實，倒不是福音是否已本地化了，而是本地化是否充分地帶有基督風貌。」（Nicolas Standaert S. J.著，陳寬薇譯，1993：45），可說是本地化的最高境界。

雖然教堂修繕的整體設計者是盧華昌，但修繕的內容都是和曾主教一同討論決定的，因此在推動本地化的想法和取捨上，也可看出曾主教對於本地化有一定的原則和堅持，例如可以融合使用本地元素，但耶穌像、聖母像等聖像還是必須保持西方面容，因為這是世界公認的樣貌。筆者田野訪談時，主教論及不同人對於本地化有不同的見解和標準：

> 有別人的觀點不一樣……所以你到金崙，雖然蓋的神父不是本地神父，他是印尼的，聖堂裡頭的裝飾盡可能按照那裡排灣族的習俗，所以你看它的聖母像、耶穌像，我們看不出是耶

穌像，因為世界所公認的耶穌基督的像和聖母的像不是那樣；我跟那個本堂神父說：「你可以給他著裝本地的（傳統服飾），但是內部臉像還是要是公認的聖母像、耶穌像，你現在完全雕成像當地原住民的像，我們不知道這是不是一個頭目，或這是一個頭目的太太，但是你們說這是耶穌像、這是聖母像，很不容易教人接受。」，不過那個神父很強調解釋說這是本地化。（曾建次，2016/11/14）

由於天主教會對本地化的程度並沒有頒布一個精確的準則，只要在不影響教義的範圍之內都可以自由發展，所以本地化會依循當地人的意願而有各種樣貌；筆者認為曾主教的想法和做法，可以使人們進入教堂後一眼明認這是一個天主教的聖所空間，其實也是保留了天主教會的普世性，如同筆者在部落中到族人家拜訪，即使家中擺著佛、道教用的神明桌，或是祖先牌位擺放著佛、道教常使用的紅色神明燈座，但只要看到耶穌或聖母聖像，便能知道該戶人家的信仰是天主教。

三、揉合當地文化色彩的禮儀

在平時的教會禮儀之外，知本天主堂發展出融合了本地文化特色的禮儀，以下分項描述。

（一）小米收穫祭感恩彌撒

每年七月為部落小米收穫祭，感恩彌撒於收穫祭第六天早上舉行。教堂內部以傳統作物裝飾，族人教友著隆重傳統服參與彌撒聖祭。彌撒聖祭之經文、歌曲等內容以感恩、敬謝精神為選擇依據。彌撒中之聖祭禮儀[7]以傳統農作物、食物作為獻禮[8]（圖 4-4），並奉獻部落族人的傳統舞蹈（圖 4-5）。彌撒聖祭結束後，全體教友聚集於聖堂內祖先牌位前方舉行祭祖儀式，祭祖儀式按照台灣天主教會所頒布的祭祖儀式進行，內容大致為讀經、上香、獻祭品（獻花、獻果、獻酒）等，緬懷祖先遺澤、表達感恩回饋，祭祖儀式流程及祈禱文請見圖 4-6、4-7。祭祖儀式之後進行傳統歌謠傳唱及 muarak（跳傳統舞），在歌聲及舞蹈中與天主和祖先分享、共融（圖 4-8）。

小米收穫祭為部落重要傳統祭儀之一，其精神與意義為敬謝上天賞賜豐收及追念祖先賜予平安，知本天主堂以教會最高禮儀—彌撒聖祭，並藉奉獻傳統農作物、食物及傳統歌謠舞蹈，表達敬謝天主造物降福大地、飲水思源感恩祖先之精神。祭祖儀式和最後的傳統歌謠傳唱與傳統舞時間，是一段特屬於群體內部的、私密的活動[9]，深富族人與祖先的情感傳達意義。小米收穫祭感恩彌撒中處處可見卑南族傳統文化與天主教信仰相存相容之處，顯示文化與信仰高度融合。

[7] 以耶穌最後晚餐作為禮儀結構，主要分為獻祭（禮）品、感恩經和分送聖體三個部分。意義是耶穌基督為使祂在十字架上救世的犧牲和祭獻，以祂在最後晚餐中所建立的聖體，藉聖餐的方式永存人間，教友領受聖餐代表與基督合為一體，在基督內生活。

[8] 以往教友會在彌撒前將要繳納給部落的'avay 和酒水帶到教堂奉獻，彌撒完畢再攜至部落收穫祭會場繳交，近兩年簡化此方式，彌撒祭品僅由堂區教友傳教協進會負責準備，不必家家戶戶先將繳納品帶到教堂奉獻。

[9] 相較於部落收穫祭，在部落廣場或開放空間所跳的傳統舞，通常難免會有外來者（觀光客、學者等）在場，可能影響樂舞的內容呈現，或多少影響樂舞呈現的意義。小米收穫祭感恩彌撒的參加對象為族人教友，為私密空間中的我族群體，較不易受外人在場或觀看而影響傳統舞的意義內涵。

圖 4-4 小米收穫祭感恩彌撒以傳統作物、食物作為獻禮。
攝影：陳映君，日期：2014/7/15。

圖 4-5 小米收穫祭感恩彌撒奉獻傳統舞蹈。
攝影：陳映君，日期：2014/7/15。

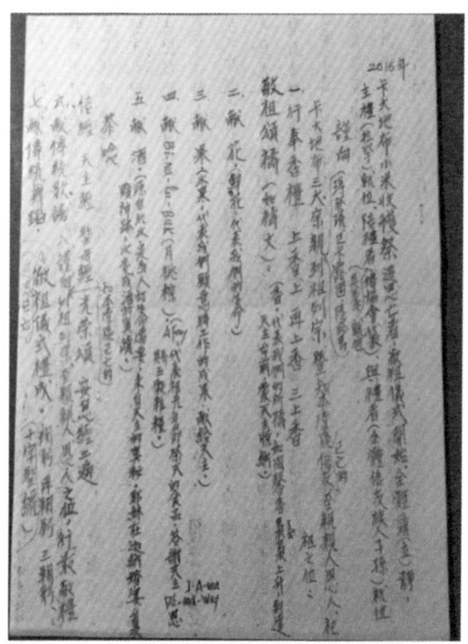

圖 4-6 小米收穫祭感恩彌撒祭祖儀式流程。

攝影：陳映君，日期：2017/12/4。資料提供：陳榮隆。

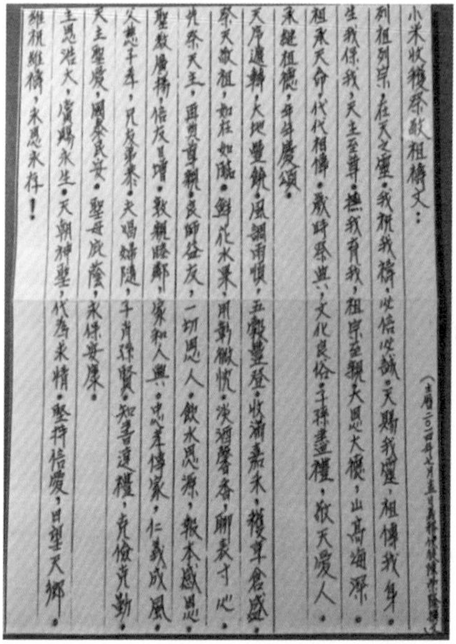

小米收穫祭敬祖禱文：

列祖列宗，在天之靈，我祝我禱，皈信皈誠，天賜我靈，祖傳我身。

生我保我，天主至尊，撫我育我，祖宗至親，天恩大德，山高海深。

祖承天命，代代相傳，嚴時祭典，文化良俗，子孫盡禮，敬天愛人。

承繼祖德，歲歲慶頌。

天序運轉，大地豐饒，風調雨順，五穀豐登，收滿嘉禾，穫穿倉盛。

祭天敬祖，如在如臨，鮮花水果，用彰微忱，淡酒馨香，聊表寸心。

先祭天主，再思尊親，良師益友，一切恩人，飲水思源，報本感恩。

聖教廣播，信友日增，敦親睦鄰，家和人興，忠孝傳家，仁義成風。

父慈子孝，兄友弟恭，夫唱婦隨，子肖孫賢，知書達禮，克儉克勤。

天主聖愛，國泰民安，聖母庇蔭，永保安康。

主恩浩大，賞賜永生，天朝神聖，代為求情，堅持信愛，日望天鄉。

維祝維禱，永恩永存！

圖 4-7 小米收穫祭感恩彌撒祭祖儀式祈禱文。

攝影：陳映君，日期：2017/12/4。資料提供：陳榮隆。

圖 4-8 小米收穫祭感恩彌撒後，教友在聖堂內 muarak。
攝影：陳映君，日期：2016/7/15。

（二）煉靈月追思已亡彌撒

每年十一月是天主教會的煉靈月，教會及教友特別為已亡靈魂祈禱，藉著祈禱、奉獻和贖罪，一方面能使亡者的靈魂在罪惡中得到完全淨化，脫離煉獄[10]、進入永生；另一方面這善功也有助個人歸信，得與諸聖[11]共同邁向天主的圓滿生命當中。

卑南族傳統祭儀中即有 ma'atar（祭祖分享）儀式，每一家戶約每二至三年[12]，會請 pulingau 到家中進行。pulingau 以檳榔、陶珠及鐵碎片等法器，並置食物、金飾珠寶或錢幣，舉行儀式祭拜

[10] 「煉獄」（purgatory）一詞來自拉丁文動詞 purgare，有精煉之意。在天主教會的傳統中，煉獄是指人死後的精煉過程，以將人身上的罪污加以淨化，是一種人經過死亡而達到圓滿境界（天堂）過程中被淨煉的體驗。（輔仁神學著作編譯會編 1998：880）

[11] 諸聖即「諸位聖人」，聖人是指信耶穌基督者、已故信徒和殉道者因生前之德行或有奇蹟表明其行為受天主特殊恩寵，和能夠與天主親密共融，天主教會的聖人審查需通過教廷嚴密的認證程序，因此聖人在教會中具有極高的尊榮地位。近年來受天主教會冊封成聖的已故教宗若望保祿二世及德蕾莎修女即為當代知名聖人。

[12] 並非固定的時間，田野訪談過程中，多位族人表示大多是家中頻頻發生不順遂之事，才會想起應該是 ma'atar 的時間到了，不順遂之事可能是祖先對子孫的提醒方式，計算起來恰巧多以二至三年為一個週期。

祖先，最後家族成員一起聚餐，代表與神靈及祖先分享食物及事業成就。

知本天主教會在曾主教擔任本堂神父時期，將 ma'atar 的習慣與天主教煉靈月結合，統一並固定於每年十一月為亡者奉獻彌撒聖祭及祈禱，教友可以三年一次為已逝親友獻彌撒，有能力者也可以每年獻彌撒；若是請神父到家中舉行彌撒者，主人家於彌撒後設宴，邀請神父、教友和家族成員共餐。以下是筆者田野調查時，曾主教述說 ma'atar 的傳統作法，以及煉靈月如何與 ma'atar 結合，成為族人教友的祭祖方式：

> 知本是從我開始，我離開了很長的時間，當我離開時他們保留了這個習俗，就是不是要分什麼財產，而是請神父到家裡做一台彌撒，去追思祖先，如果不是教友的會請巫婆來做法事。如果是教友就會請神父到家裡做一台彌撒，因為我一向跟教友講，所有祭儀裡面沒有能超過彌撒聖祭的價值，因為彌撒聖祭是最高層的祭禮，所以一定是要做彌撒；唸玫瑰經、行善或做什麼，都可以，但是彌撒聖祭是耶穌留下來的，「你們按照我的樣子，直到世界的終結」，所以憑著這句話，每一年……我們因為知本教友多的話，神父十一月份就做不完，所以我就訂三年一次。不是教友他們就自己，甚至於也不見得每一年，只要家裡有狀況就會請巫婆做法。做法無非就是在畚箕上放碎布，然後吃的糯米糰一點點、豬肉、一兩塊錢的硬幣，還有什麼這樣擺，然後到馬路邊，說：「你們祖先不能進到這個家，我們現在請你們吃，東西在這裡你們吃，至於家裡面有一些不好的事情，你們就不要記在心裡，把它化

解掉，不要再給他們增加苦難。」，巫婆是做這樣的禱告。完了以後大家就等，家族所有人一起吃飯。所有分家的兄弟姊妹一起吃飯，可能有的親戚也都來，來了以後吃飯，嚴格來講要唱老歌，懷念老者，可是現在的年輕人已經不會唱老歌了，就是只有吃飯，吃完了表示這一年這一家做完了。明年看哪一家又有家裡不順，或是中途發生車禍怎麼樣，就會說這不是我們的錯，一定是祖先在怪我們，所以會造成這樣的禍端，現在就要討好祖先，也有這樣的。有時候這些巫婆在那邊念經、歇斯底里，主人就問她跟祖先講話，祖先要求什麼，她說：祖先講，他過去辛勞的土地，這時候你們賣出去，也不做一點法來分給祖先，他的努力什麼也沒得到，所以難怪他會罵、他不高興，所以會使你們生病；她們會有這樣一個解釋。所以這個 ma'atar 不是只有教友做，教外人也做，本來是教外的東西；但是來到教會，我們為了要本地化，我們就做家庭追思彌撒。（曾建次，2016/11/14）

以往採用教友家戶按意願為已亡親友奉獻彌撒（可在家中或教堂），近年考量並非所有教友皆有能力為已亡家人奉獻彌撒，故改為由教友將亡者遺像攜至教堂並擺放於祭台前，統一舉行追思已亡彌撒（圖 4-9），有能力者可再請神父至家中為該家族的已故親友特別舉行彌撒（圖 4-10）。煉靈月追思已亡彌撒是天主教會的例行彌撒之一，而將亡者遺像攜至教堂置於祭台前在漢人地區所見不多，但在鄒族地區有此施行方式[13]。

[13] 詳可參閱浦英雄（2002：11）之研究。

天主教的 ma'atar 施行多年後，部落非教友族人受天主教友影響，亦多於每年十一月至年底舉行 ma'atar 儀式，有些人覺得因為天主教會的 ma'atar 固定在十一月，對非教友而言恰巧有提醒的作用，只要看到天主教友開始在 ma'atar 了，便也會開始思考自己的家族是否需要舉行 ma'atar，惟非教友進行之禮儀仍請巫師以卑南族傳統信仰之方式進行。

圖 4-9 煉靈月追思已亡彌撒，教友帶著家中親友遺像至教堂參與彌撒聖祭。

攝影：莊春美，日期：2010/11/2。

圖 4-10 煉靈月教友家中的追思已亡彌撒。照片右側為族人歌手將獲頒的金曲獎獎座奉獻於天主台前，感謝天主庇佑與已亡祖先的教導。

攝影：莊春美，日期：2017/11/25。

第三節　卡大地布部落天主教族人信仰生活

本節從族人教友的角度出發，描述其現今日常樣貌，是如何遵循天主教會的禮儀，同時也依照部落歲時祭儀的腳步年復一年地生活。接著關注個人與家庭，探究族人教友在人生中，會經歷哪些生命儀禮。根據筆者田野調查之所得，也記述往昔知本天主教友生活的情況。

一、並行不悖的教會禮儀與部落歲時祭儀

自古以來，人類觀察自然變化、學習求生、不斷累積生活經驗，不同地區的人們發展出不同耕作方式，並選擇以能最有效運作的系統作為生活準則，這樣的系統在部落中就是與農作生產息息相關的歲時祭儀。歷經時代的演變，部落的經濟模式與生產體系已異於農耕時代，但歲時祭儀連結著部落的社會組成和文化脈絡，並未因農耕人數減少而消失，在現代反而是以更珍惜的心情進行、傳承著這些歲時祭儀。卡大地布部落現行的傳統歲時祭儀主要自 1990 年代陸續復興而延續至今，部落族人對於祭儀相當關切和積極參與。

前二章已介紹卡大地布部落的歲時祭儀和天主教會禮儀年曆，將兩者結合則可以圖 4-11 之同心圓呈現。同心圓內圈為天主教禮儀年各週期區劃，外圈為陽曆月份，圈外以線狀拉出標示者為部落歲時祭儀。

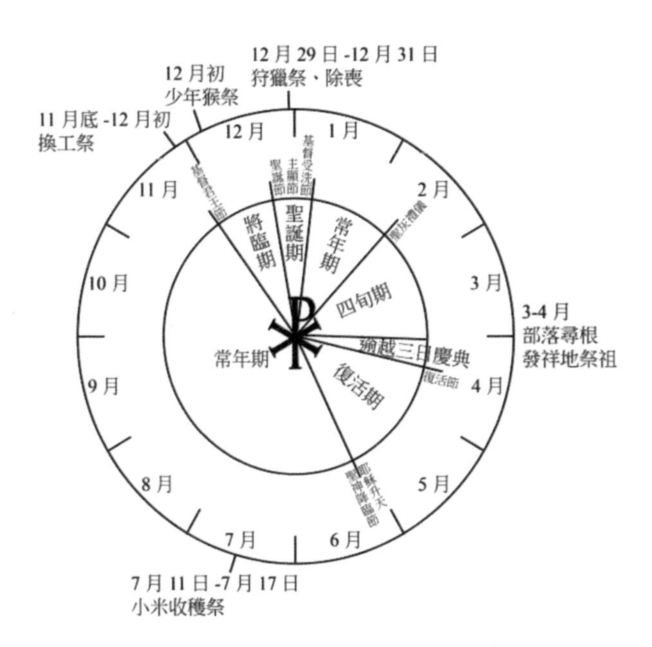

圖 4-11 天主教禮儀年與卡大地布部落歲時祭儀曆。
製圖：陳映君。

綜合第二章第二節部落傳統歲時祭儀的介紹，及第三章第三節的教友生活情形分析，卡大地布部落的歲時祭儀與天主教禮儀年和天主堂活動之間，在時間上並無衝突，意義方面亦不相違背，甚至可說是相得益彰，例如天主教在將臨期準備迎接救主的來臨，到聖誕期代表救恩的開始，和同一時期傳統祭儀中除喪祭的除舊佈新、接納、重啟希望的意義是相似性質的；正因如此，天主教信仰在卡大地布部落能夠與文化相容相存，教友的信仰生活與傳統祭儀生活也是自然而和諧的。

二、個人生命儀禮

天主教徒終其一生都與教會緊密相連，從出生到死亡，各自有不同的禮儀，象徵通過各個生命階段，其中最基本的就是「聖事」。依據《天主教法典 拉丁文中文版》840 條，聖事為「由主基督建立，並託付給教會，因為是基督和教會的共同行動，故此是表示信德與堅強信德的記號和方法，藉以敬禮天主、聖化人類，同時導引、加強並彰顯教會的共融；因此聖職人員和信徒，皆應以最大的尊敬和應有的謹慎舉行聖事。」。（台灣地區主教團秘書處編譯，1992：353）聖事共有七件：聖洗、聖體、堅振、和好、聖秩、婚姻、病人傅油，一般教友一生只會領受六個恩寵，因其中較特別的聖秩聖事，為特別授予男性神職人員的聖事，因此聖秩並非所有人都能領受的聖事。聖事的授予必須完全依照天主教會所頒布的規定舉行，台灣各地教堂依照台灣地區主教團所頒布的指示，以固定的經本、禮儀內容舉行聖事，知本天主堂亦不例外。

筆者在田野過程中，觀察到較有特色的生命儀禮當屬喪葬禮儀，類似前述 ma'atar 的情形，出現了在地化的樣貌，以下就田野觀察及訪談，佐以照片描述之。

部落中的教友族人過世，會由禮儀社至家中佈置天主教式的靈堂（圖 4-12），靈堂設妥後，神父（或義務使徒）和教友每晚至喪家，使用《為亡者守靈祈禱禮》（天主教台北總教區教理推廣中心，2007）進行祈禱；祈禱結束後教友會留下與喪家家屬寒暄、聊天，表達對喪家的慰問，喪家則準備簡單茶水、點心，感謝教友前來祈禱、慰問。與喪家較親近的教友也可停留較久，陪伴喪家守靈。守靈祈禱至出殯[14]前一晚舉行入殮禮及守夜禮，並且依照卑南族傳統習俗，要在午夜準備亡者生前愛吃的食物[15]；出殯當日舉行殯葬彌撒，所有禮儀依照天主教會的《殯葬禮儀》（中國主教團禮儀委員會編譯，1989）手冊進行。

出殯後第三日，依照卑南族傳統喪葬習俗進行 kilapus。kilapus 卑南語意為解除、去除，引申為「清除不好的東西」，即除喪。卡大地布部落的族人教友會依照傳統習慣，出殯後第三日進行 kilapus，白天以改良過的方式進行傳統 kilapus，當晚再舉行天主教儀式。改良式的 kilapus 進行方式如下：

亡者入土後第三天，由部落中一位長者或 pulingau 帶領三至五位喪家家屬，到亡者生前常去的工作場域，亡者為女性就到田裡，亡者為男性則去山上（現代人若無務農則找一塊空地），挑選一處放置一片大片葉子，於其上排擺石頭，並安置酒、水各一份，在一旁起火堆，象徵作為亡者的家；起火後在石頭四周灑聖水（傳統作法是以小刀削刮紅磚或石頭並撒其粉屑），代表亡者的家是受到保護的。家屬在一旁祈禱，祈禱之後會簡單地吃飯、吃檳榔一會兒，陪伴亡者的靈魂。

祈禱、陪伴結束後，所有人準備離開。離開時有三處必須灑聖水並跨越之：第一處是剛舉行儀式之地，第二處是路途中的轉彎處，第三處是回到部落後的自家門前。灑聖水的意義代表以聖水作為界線，當跨越界線時，先單腳越過，同時向旁邊吐口水三

---

[14] 守靈至出殯的時間無固定，有些喪家仍會依照漢人習俗依農民曆「看日子」來選擇出殯日期，有時候則是必須配合殯儀館的時間安排。

[15] 筆者特就此進一步詢問此是否原為漢人喪葬禮俗，報導人表示此乃卑南族原有習俗。

次，另一腳再跨越。回程途中不可回頭，以免被亡者誤會家屬捨不得、放不下亡者，使亡者無法安心，整個過程也必須低調安靜，不可隨意顧盼左右。

喪家家屬返家後必須向亡者哭訴其拋下後代先離開，亡者已脫離病痛、苦難，完成在世上的責任了，那麼請亡者將生者家屬的不好的部分也一起帶走，讓剩下的好的部分留下，以照顧還在世上的子孫。至此，傳統的 kilapus 才算結束。該晚，教會配合傳統習俗，也至喪家舉行 kilapus，藉由神父覆手祝福（圖 4-13），使喪家和教友在儀式過後回歸日常生活。

kilapus 之後，喪家的親友會盡快為喪家舉辦 puwazangi，puwazangi 的形式是由親友設宴邀請喪家，讓喪家到亡者生前經常走動的地方走一走、玩耍、吃飯，但是喪家因為尚在服喪，必須保持低調，不可太過歡樂或張揚，吃完飯就應當離開。puwazangi 由喪家的數個不同的親友團體設宴，在 kilapus 之後盡快輪流進行完畢，意義是喪家業已經過除喪，身上沒有不好的東西了，親友正式且公開地重新接納喪家，讓喪家得以順利回到日常生活。

完成 puwazangi 之後三至五日，舉行上位儀式，安置已亡家屬的祖先牌位，並選用適當的禱文進行祈禱。亡者出殯之後，教會規勸喪家親屬、子孫殷勤參加主日彌撒，並做補贖[16]、悔改，以幫助亡者靈魂早日升天，然現今喪家家屬大多只如此實行一個月。

[16] 補贖（satisfaction）原文來自拉丁文，包含兩部份—satis 足夠、滿全，及 facere 作。廣義而言，凡是一切為賠補所犯的罪過或錯誤而做的事工總稱為補贖。傳統神學把因犯罪而賠補天主所做的善工，或滿全天主正義的要求稱為補贖。（輔仁神學著作編譯會編，1998：888）

kilapus 的內涵，為除穢、重新回歸之意義，卡大地布部落的教友族人兩者並行，且在傳統的 kilapus 中以灑聖水取代原先 pulingau 所使用的法器（石頭或紅磚）；天主教會取 kilapus 的良好意義，舉行覆手祝福，族人亦以 kilapus 稱之，整天結束後，才算是完成 kilapus；而進行 puwazangi 之日，教友也會邀請神父一起分享，卡大地布部落教友族人的喪葬儀禮可說是天主教禮儀本地化的展現。

除了上述從過世到出殯後的家族性喪葬禮儀，天主教會也曾參與部落在大獵祭後的除喪祭。在過去，喪家若為天主教徒，則除喪儀式由義務使徒進行，再由青年會邀請喪家同跳除喪舞，但此景在 2007 年三大家系新任 rahan 上任後已不復見，喪家無分信仰，一律由三位 rahan 共同執行除喪儀式。儀式執行者的統一，或許可以解釋為天主教的勢力為部落取代，但筆者認為還有其他可能的理解方向。2007 年新上任的 rahan—Mavaliw 家系林海財 rahan、Pakaruku 家系高明宗 rahan，以及 Ruvaniaw 家系陳興福 rahan，其中有兩位（高明宗 rahan 和陳興福 rahan）是天主教友，筆者認為，除喪儀式內容主要是祝福與祈禱意涵，而非祈求神靈幫助，與天主教義並無相悖，加上 rahan 的教友身份或許能夠讓教友喪家感到在信仰上有所共鳴，因而為天主教喪家來說是可以接受的。

近年來，部落除喪祭的進行，也隨三位 rahan 的身體狀況下降而有所改變，筆者在 2016 年的除喪祭觀察，由於 Pakaruku 和 Ruvaniaw 家系 rahan 皆因健康因素無法執行儀式[17]，而由 Mavaliw

[17] 高明宗 rahan 已於 2017 年 7 月 7 日因病辭世，享壽 69 歲。

現任林文祥 rahan 以及 Ruvaniaw 家代理 rahan 陳政宗(陳興福 rahan 之子)執行，儀式過程未使用族語，而是以中文勸勉、安慰喪家。

圖 4-12 天主教式的靈堂。(為尊重隱私，亡者遺像加以馬賽克處理。)
攝影：陳映君，日期：2016/7/27。

圖 4-13 神父正在喪家為喪家家屬及教友進行祝福禮。照片中覆手者為神父，全身著黑服者為喪家家屬。
攝影：陳映君，日期：2016/8/15。

三、教友族人信仰生活景況

根據田野訪談，知本部落第一代教友（約 1940-1950 年代出生）與後代教友的信仰生活是有程度落差的，對於教會的投入及熱衷程度也大不相同，以下分別描述過去與現今教友回憶中的信仰生活景況。

（一）第一代教友的輝煌年代（1960-1990 年代中期）

在天主教傳教初期，教友數量高達部落的三分之二，當時的教會對於族人來說，是一個能夠接觸到新奇事物（例如聖歌隊、樂器）的地方。據報導人回憶，聖歌隊在 1960 年代成立，參加者大約是 17 至 30 歲的年輕人，人數有 40 至 50 位，由新園[18]堂區的傳教員鄭明哲先生前來知本教四部合唱。聖歌隊利用晚上的時間練習，熟悉歌曲之後就在彌撒時獻唱，因為唱得好，常被邀請到其他堂區表演。但聖歌隊在鄭先生轉調至他處後就停止了。後來在教堂重建 palakuwan 的時期，教堂設立的裁縫班、縫紉班、理髮班等技藝學習活動，也吸引了許多年輕男女參加。

教堂在從前一直是族人生活的重心，特別是曾建次主教擔任本堂神父的期間，每當筆者問到關於以前的教會生活，報導者回應的第一句話總是「以前主教帶我們的時候……」，可見那段時期在教友心中佔有重要地位。報導人回憶，在曾主教任內，教堂的活動很多，主教常帶教友們去朝聖，或到其他堂區交流，也會連結其他教堂的神父、修士，一起舉辦活動，像是兒童夏令營、

[18] 位於台東市新園里，是排灣族卡拉魯然部落的居住地，卡拉魯然部落也是台東市唯一的排灣族部落。

冬令營：「以前主教帶我們的時候，哇！很熱鬧我們的生活。」、「以前我們的部落妳看看，主教還在當神父的時候，哇！管很寬耶！主教很厲害！」、「以前教堂活動很多，主教很會帶，還有外面的神父、修女、修士，他們帶小朋友去露營，我們這些媽媽就跟著去煮飯」。

除了跨堂區的活動，以往教會的聖誕期在知本可說是全村性的盛事，尤其是馬槽佈置比賽和報佳音[19]活動。聖誕期開始時（通常是陽曆十二月初），各家戶卯足全力佈置馬槽，慶祝耶穌誕生；而接近聖誕夜的報佳音活動，由於教友戶數眾多，有些教友住在外村（最遠達鹿野鄉的馬背地區），報佳音活動甚至會通宵達旦，報導者回憶：「以前我們報佳音到天亮，彌撒完畢就開始出去報佳音到早上。」。除了馬槽比賽、報佳音，聖誕節慶日教堂還會有教友準備話劇表演和舞蹈表演，幾乎全村的人一同慶祝，氣氛非常歡樂。

在堂區內部，此時期尚有傳教員、聖母軍在運作，曾主教任本堂開始，還請來了瑪爾大會和聖十字架會的修女駐堂協助傳教工作，特別是針對青年及兒童牧靈工作，因此當時也有兒童主日學，堂區組織健全完整。如前所述，在曾主教任內，為方便堂區事務的分工，因而以大班、中班、小班的分類方式幫婦女區分團體，可見教友積極熱心參與堂區事務者多。再者，過去的傳協會也都是部落中的重要人士，例如 rahan、長老、部落核心幹部等，

[19] 《熱心敬禮指南聖誕期篇》（羅馬禮儀聖事部，2001）說明：在聖誕節第一晚禱與子夜彌撒之間的報佳音、唱聖誕歌，能有效地通傳聖誕節平安與喜樂的訊息，屬於一種熱心敬禮。資料來源：天主教輔仁聖博敏神學院禮儀研究中心 http：//theology.catholic.org.tw/public/liyi/topics/liturgicalyear/merry_C.html。

也因為本身的社會地位或才能，而具優秀的領導能力和號召力，堂區整體興盛繁榮。

在教會活動外，信仰也體現在族人的生活當中，例如有些人使用 kiukay 作為族語名字，kiukay 原是日文「教会」（きょうかい），即「教會」之意。另外，在筆者田野調查時，看見有些教友家在製作傳統服飾時使用了教會的元素，或是直接將「天主保佑」繡在傳統服飾上（圖 4-14），作為信仰意念或是身份的表達。而如前文所述族人在舊遺址安置聖母像，也是信仰意念在生活、行動中的體現。在筆者田野訪談期間，凡提起過去教堂的榮景，報導人無一不興奮地滔滔述說昔日風采，並表達對往日熱鬧、團結和以教堂為重心的生活的懷念。

圖 4-14 族人以「天主保佑」做為傳統服的十字繡圖紋。
攝影：陳映君、廖佳蓉，日期：2016/7/16、2018/7/7。

（二）從輝煌到平淡（1990 年代中期-2000 年代）

教會榮景不再，筆者認為最首要的原因是族人的凋零，1990 年代左右，第一代教友中較年長者邁入人生的盡頭，聖母軍也隨著年長婦女的消逝而解散。愈到近期，教會的核心人物也相繼過世，報導人感慨萬千地說：「厲害的通通走了」、「皆興的爸爸走了，林爸爸走了，高清峰那些頭腦很厲害的、很會的都走了，要做什麼沒有人會，很多很厲害又會為教會工作的，都沒有（過世）了。」，可見教會內的領導人物，對於教會動員具有重要性。除了教友的凋零，神職人員的調任也影響了教友對信仰的態度和參與堂區事務的程度，許多教友表示因為曾神父特別有領導能力和用人的眼光，加以自身是本地族人，因此能夠深入了解、關心自己的教友，堂區自然發展得興盛，曾主教離開知本天主堂後，有些教友也漸漸不再熱衷於教會事務。

上述人員組成的變動影響了天主堂的發展，同時環境變遷也衝擊著天主教友的生活。在時代浪潮之下，部落的經濟型態改變，1990 年代，台東地區種植荖葉、荖花的風氣大盛，而其產銷線路當中需要大量的僱工，幫忙採葉、排葉等工作，因爲工作所需的技術門檻低，且工時較為彈性，因而僱工有很大一部份來自部落婦女[20]，知本部落也加入了這樣的行列。排荖葉的工作改變了族人的生活，也關係到教友的生活時間分配：

以前還沒有排葉子多熱鬧，帶小孩子去溫泉烤肉、煮飯、露營，暑假的夏令營。排葉子之後就很忙，自己也有種啊，還有別人的葉子，我們幫人家排，老闆很多葉子的時候我們有

[20] 關於台東地區的荖葉產銷，詳請參閱林奕帆（2014）之研究。

時候就來不及進教堂，來得及我們會去啊，來不及的時候我們就沒有去，但比較少啦，我們大部分都有去教堂。（林秋蓮，2016/8/23）

我們排葉子的人也是固定啊，哪幾個來弄，哪幾個來排。葉子很多的時候，有時候就沒有去（教堂）。葉子還要剪、還要選，分大小。不好賺，很累，很花時間，從早上排到晚上，才三百多塊，排一斤才十二塊。我們就排到禮拜天、禮拜一、禮拜二、禮拜三、禮拜四，有時候四天，有時候五天。都從禮拜天開始，就是剛好我們要彌撒的時候要去排葉子。（古明珠、林秋蓮，2016/8/23）

由此可見，荖葉經濟改變了教友族人的生活時間安排。排荖葉建立在傳統婦女幫團的人際網絡之上，靠著團體合作的方式完成派發的工作，報導人雖明言荖葉僱工非但辛苦又不賺錢，不過技術門檻低，工時相對服務業彈性，對於需要貼補家用的婦女而言無非是一個收入來源。基於生計需求、傳統人際網絡關係，以及對於提供工作機會的荖葉老闆心懷感激，三者潛在壓力，使得教友族人的生活時間陷入兩難，考量現實，在不得已的情形出現時只好選擇工作。

物質生活水準逐漸提升，也使得族人對於信仰的追求相對減低。筆者訪問 2000 年代駐知本天主堂的聖十字架會修女，她對於當時傳教工作所遇的情景做了以下描述：

我在那邊服務的時候，最大的困難就是小朋友，那段時間有網咖，知本也有網咖，所以禮拜天的時候，因為大部分都是阿嬤在帶，他們都穿好鞋子、衣服穿得很整齊就出去了，阿公阿嬤都會想說他們去教堂，沒有想到只要教友家沒有來的我就會去追蹤，阿嬤說：「已經去教堂了，他們都穿鞋子就是去教堂了」，我就知道他們一定去一個地方（網咖），結果我每一次到那個地方的時候，他們認識我的摩托車，就會有一個學生說：「修女來了！」，全部就跑去躲起來，現在想起來很好笑，可是當時我很失落，覺得我怎麼那麼可怕，一聽到修女來了全部都躲起來，那些教友的孩子才會躲，不是教友的不會躲。

我比較重視小孩子，因為以後他們的生命還很長，所以我很重視他們的信仰要建立起來，所以我一直很注意每一家哪裡有孩子。還有就是他們的狀況就是假日和晚上，學生都會去知本老爺或一些大飯店跳舞賺錢，所以這也是那邊學生沒有時間的原因，要請他們來教堂很難，因為他們都是假日要去賺錢，比較大一點或是很會跳舞的，學生幾乎很難來教堂。

……可能要有人帶，可是這個人要有很大的犧牲。有人有心要帶，但是又沒有方法，因為也沒有去學，只是想要帶，有的人想要帶又沒有時間，我看很多人是這樣，雖然有熱忱，但是很難實踐。他們那邊我覺得傳教最難的就在這裡，一方面他們世俗已經比較吸引他們，然後生活也過得比較好了，對精神的需求就很低。（徐瑞容修女，2016/11/22）

由修女的描述，可見部落當時正在面對外在環境的改變，孩童和青年對於信仰的態度，也說明了信仰扎根以及加深、維持的工作都遇到很大的挑戰。此外，部落文化復振的腳步，也讓族人漸漸將生活重心轉向部落事務，教堂不再是部落的中心，族人活動的範圍也漸漸轉移至部落文化園區。

有些報導人認為，信仰是主觀意志的堅定與否，不能把責任只歸咎於外在因素的改變。以堂區聖母軍的消失為例，有些人認為過去聖母軍之所以能夠運作，是由於當時婦女多半務農，因此有時間參與善會團體，但也有人舉現代都市中的堂區為例，上班族女性依然能夠參與善會，並在家庭、工作與信仰的參與中找到平衡，因此重點在於自身意志。對於信仰虔誠程度的討論，不少報導人有以下說法，直言認為老一輩教友對於信仰較為虔誠：

> 我先信天主教，後來我父母才信，但是他們比我還虔誠。可能是那時候他們老人，一加入的時候誠心誠意的，然後去接受這個道理。我媽媽也是當過聖母軍，所以他們就是虔誠到那樣。（尤二郎，2016/8/15）

> 老人家雖然懂得道理不多，但是他們是憑著心裡面覺得這就是神，這就是信仰，不一定要理論很懂；當然理論懂，又相信，那是更好，你信了會比較踏實。可是老人家的信仰是一種……不是知識，雖然模糊不清，但他們覺得這就是他要來拜的神，他們就很認真，真的老一輩的信仰有時候讓人很感動。（徐瑞容修女，2016/11/22）

綜合以上各種因素，無論是人員、環境、經濟、主觀意志等，多重變遷之下，天主堂教友的凝聚力不如以往，天主堂不再是部落的中心，天主教會對於部落的影響力和過去相較下降，隨之天主教會在部落中的角色和功能也產了轉變。

（三）存於心中的信仰（2010 年至今）

現今族人教友對於信仰的熱忱雖不如以往熱切，但筆者仍可在族人生活中看見信仰的作用，其中，筆者最能彰顯本地教友信仰生活的便是祈禱，以及一句在天主教徒之間常用的祝福語—「天主保佑」。

在卡大地布部落，常聽到教友之間說「天主保佑」，這句話不只是祝福語，還具有歷史背景意義。知本天主堂第一任本堂司鐸費道宏神父逢人就說「天主保佑」，他不分信仰或族群，熱切助人的愛心，使族人至今仍然對他感念不忘，「天主保佑」這句祝福語已經成為打招呼的語句，教友向非教友族人說「天主保佑」，非教友族人也會同樣回以「天主保佑」。偶遇事故現場如車禍、火警等，教友也會很自然地說「天主保佑」，希望這份祝福成為一股幫助的力量。

在祈禱的方面，卑南族是非常重視親人及祖先的，在日常談話中就時常能聽到懷念過世親人的話語，而族人教友思念已亡親人時，往往以祈禱的方式傳達思念：

> 我聽到皆興唱歌的時候我都會想到我的先生，我想念我的先生的時候我就祈禱、祈禱。（洪瑞玉，2017/7/23）

> 我一天最少祈禱三次以上，睡前祈禱、起床、無聊的時候、工作的時候，任何一個時間都在祈禱，這個祈禱是從小開始，尤其是在我父親在五年前過世的時候跟我說一句話：「如果你想念我的時候，只要你祈禱，我就在你身邊。」，從那時候開始，只要無聊的時候我就跟我父親說話、跟天主說話、跟聖母媽媽說話。（盧皆興，2017/9/23）

以前很熱鬧啦，很好，我們的人生就是這樣子過，過了一直到我先生發生事情，我四、五年沒有出去跳舞了，也沒有跟人家出去玩、也沒有跟人家這樣，只有一個教堂。我先生走了，我每天都和神父兩個人，早上六點多我就走路到教堂，神父準時七點彌撒，我先生走後大概兩年，我每天早上都這樣跟神父一起祈禱。後來我心情有比較好了，就禮拜天去彌撒，一直到現在。就這樣，慢慢心靈比較習慣一點點，差不多一兩年我都沒有出去，都是在家裡，想到就唸玫瑰經。現在這兩年才比較有出去，我朋友也是一直罵我說不要一直關在家裡，會生病，所以我就慢慢跟朋友出去，你看，我先生也是走了五年了。會很想念，我就唸玫瑰經，就這樣，都靠祈禱。（林秋蓮，2016/8/23）

祈禱對於族人教友來說，是最能傳遞心思意念給已故親人的方式，也能夠安定人心、帶來正向的力量。知本天主堂教友的祈禱經文和方式，仍依照舊式的文言文版本和吟誦方式，少有人誦念白話文版的經文，筆者認為這是因為知本天主堂的教友年齡層較高，所以祈禱經文與方式維持在教友習慣的較舊形式而無更新。

目前知本天主堂的教友組成邁入高齡化[21]，開教時期的教友多數已經過世，活躍於修繕時期的教友也步入年邁或凋零。現今的中壯年教友不如曾主教任本堂神父時期那般熱情，青年世代也不像過往有活力。族人多數認為虔誠的教友已成為上一代的往事；

[21] 其實知本天主堂的現況並個案，世界上許多天主教堂甚或其他宗教也正面對高齡化和世代差異的問題。

而現今教友家庭雖然仍佔部落多數，但中壯年以下的教友幾乎不進教堂，或是只當「節日教友」，在教會的重大慶日或活動才會出現。部落文化復振之後，也有些人放棄天主教信仰，轉而加入其他宗教團體，或是仍信仰天主教，但同時也會尋求傳統信仰的方式進行祭祀。

較為特別的是，雖然年輕教友族人不常進堂，但他們仍會使用十字架、唸珠等作為平安符懸掛於車內、帶（或戴）在身上，買新車、遷新居還是會請神父降福，在信仰認同上也很明確認定自己的信仰是天主教，甚至對於自己是天主教徒的身份感到驕傲。筆者認為，這個現象與在教友家庭的環境中出生、成長有關，雖然外顯行為不符合「標準」的教友，但心裡仍保有著基督徒的印記。

天主教傳入卡大地布部落已逾半個世紀，上一代教友無疑將信仰與文化融合至極高境界，在他們轉身之後，如何喚起新一代教友對於信仰的認識，以及如何因應現代社會的需求，實為天主教會所必須面對的新課題和反思方向。

第五章　天主教在卡大地布部落的適應與變遷

本章從歷史脈絡、社會背景、文化內涵等各角度，分析卡大地布族人接受天主教的原因，接著談論部落經過自主意識抬頭，重建和發展出以部落為主體的組織，部落的核心由天主堂轉移到部落，在這當中天主堂的角色有了什麼樣的改變，與部落又是如何互動，其中經歷了哪些調適和磨合。最後筆者嘗試將近年來在知本天主堂所觀察之實際狀況與現象，針對天主教的本地化工作提出一些討論與反思。

第一節　族人歸信天主教之因素分析

如前文所述，當一個地方的人民主動接受了某個宗教，才有後續宗教本地化發展的可能；天主教會來到卡大地布，除了被部落多數族人接受，還創造出高度的本地化特色，代表當時部落接受天主教的程度不僅反映在人數上，更體現於族人信仰的深度，以至能在接受信仰後，再從自身文化出發，將兩者的精神互相結合。本節透過田野訪談及文獻紀錄，梳理並分析天主教會是如何以及為何能被卡大地布部落接受，又，卡大地布部落歸信天主教的原因，相較其他地區有何獨特之處，以下列點分別敘述。

一、天主教教義與卑南族傳統宇宙神靈觀

宗教信仰的核心為其教義，因此當天主教來到部落時，必須先向民眾解釋教義和基本的觀念，且需要透過當地可理解的語言和固有的觀念或宗教系統，才能傳達意涵，此時，如何以卑南語和既有的觀念來解釋天主教的內容，便是天主教能否被接受的關鍵。

本文第二章已述，在知本卑南人的觀念中，宇宙被分成兩個部分，一是肉眼可見的世界，即穹廬、海洋、陸地；一是肉眼無法見得的世界，即穹廬的另一端和陰間，善人靈魂升天，惡人靈魂入地，但最後去向和終點無法得知。天主教主張人死後必須經過煉獄，將自己所犯過的罪煉淨，最終才能到達天堂，與天主永遠同在，進入「永生」。天主教的煉獄觀念，正好補充了卑南族傳統信仰中未知的部分，而煉淨之後的靈魂進入天堂，與傳統觀念中的善人升天，亦是相同的意涵。筆者訪問曾建次主教時，請教天主教教義與卑南族傳統宇宙觀如何相融，曾主教做了以下說明：

> 卑南族並不知道來世是怎麼樣，不像漢人的民間信仰，知道會投胎、前世是怎麼樣、後世是怎麼樣什麼的，我們卑南族或別的族群大概也沒有那種觀點，人死了就死了，他的靈魂到哪裡？進一步說是到天堂、到地獄、到煉獄，他們沒有這個觀念，他們的觀念只是說一定到祖先那裡去，那祖先一定有一個境界，但也不知道在哪裡，只知道安撫自己的心說，會到祖先的地方，至於說來世會怎麼樣，我們沒有什麼輪迴、

投胎那些的觀念。我們相信人有靈魂，不然我們不會有那個名詞，我們有那個名詞，所以知道人不是只有肉體，還有精神體，而這個精神體我們有名詞，叫 tinavawan，這個 tinavawan 所謂靈魂會到哪裡去，它會到祖先聚集的地方，我們只有解釋到這裡為止。

教會來了之後，就談到末世的道理，提到有煉獄的時候，才知道原來在世要好好的做，不然依照我們教會道理，雖然你在世犯的罪，找神職人員辦告解，罪被赦了沒有問題，但是還要做補贖，可是補贖在陽間做不完，甚至可能有人不在乎，教會的解釋是還要到煉獄去做補贖，到了那個時候，要慶幸的是我還能到煉獄，代表我還有希望能升天堂，如果到地獄就免談了。這就是教會的解釋，所以對於我們教友，我們原住民，我們就會這樣解釋，教會對於我們不足的地方做了補充，到底我死後去哪裡，就是要有個解釋。（曾建次，2016/11/14）

承上，卑南族的宇宙觀與天主教是可以融合的，至於族人如何理解天主教的基本概念，筆者整理為表 5-1，由當中可見，族人使用卑南語中既有的名詞，取其意涵對應解釋天主教的名詞。

表 5-1 天主教基本名詞與卑南語翻譯

天主教名詞	卑南語翻譯
天主	Demaway（創造神） na ulra kazi kaitrasan i ma'izang（住在天上的主）
天堂	ka'itrasan（在上面）
地獄	sasavakan（地底下）
世上	punapunan（很寬的地方）、kidare'an（世界的土地上）
天使	mia'lrup（守護神）
聖人	mau na maylihu mayngadan（很有名的人）
祖先	temuwamuwan
魔鬼	kuatrengan na viruwa（不好的 viruwa）
先知	karpalripalri（還沒有發生的事情就先知道）

資料來源：2018/4/4、2018/5/20 田野筆記，口述：尤二郎。
製表：陳映君

由表 5-1 對照本文第二章表 2-7，可發現天主教的名詞與既有的卑南語概念，大致上尚能夠對應，筆者認為其中較特別的是「天使」和「魔鬼」的翻譯。在天主教的教理當中，天使是沒有肉身的精神體，且「天使」一詞指的是「職務」，而非其「性質」。天使是純粹精神體的受造物，具有理智、意志和位格，且不死不滅。天使在人類的救恩當中執行過許多拯救、保護、阻止等功能的事例，因此天使是奇妙和有力的援助。人的生命由開始至終結，都有一位天使在身旁保護和代禱，引導其達到永生。（摘自賴效忠，2010：8-10）天使最大的功能即為保護、守護，而卑南語中的 mia'lrup 原為大地、大自然的守護神，族人取其「守護」之功能意義，用以詮釋天使之概念。

至於魔鬼，在天主教中，魔鬼是所有「惡」的總稱或泛稱，包含了撒旦、邪魔和惡靈。撒旦，原希伯來文 Satan，為仇敵之意，即英文中的 Devil，源於希臘文動詞 diabolos，dia 有「到對面」的意思，bolos 則有「攻擊、擾亂、妨礙」之意。邪魔即英文中的 demon，源於希臘文，原意有超人的力量與神性之物的意思，但在猶太人與基督徒的用法上，意味邪魔。惡靈（malicious spirit），指在世作惡的人，死後被罰下地獄，成為魔鬼及邪魔同路的亡靈。天主教所稱的魔鬼通常是指撒旦和邪魔。（同上引：12）卑南語中對於惡煞、惡靈有不同的詞彙，族人以 kuatrengan na viruwa 翻譯作為總稱，凡不好的神或靈都是魔鬼，亦與天主教的概念符合。

雖然基本名稱的翻譯尚在能夠對應理解的範圍之內，不過報導人表示當遇到卑南族原先所不存在的概念，例如地獄和煉獄，就沒有辦法精準區別這兩者，只能用 sasavakan 表示地獄，加以解釋為「地底下有活著的地方」，而進入煉獄、在煉獄煉淨、升天的過程則不清楚該如何表達；或是像「恩寵」、「聖寵」這樣的詞彙，族人只能用「天主給的很好的東西」這種接近意涵的方式翻譯理解，因此除非是同時精通神學和卑南語才有辦法深入地解釋。

由以上可知，族人主要還是由卑南族的觀念出發，來理解天主教的概念，雖然沒有辦法針對所有概念理解到精確、深入的程度，但因為天主教與卑南族固有宇宙觀接近，因此將天主教的概念作為宇宙觀更加完整化的補充，仍然是可行且易為接受的。

二、天主教與卑南族倫理道德觀

凡是高度發展的宗教皆重視倫理道德，天主教以「天主十誡」來規範教友最基本的倫理道德，天主十誡為：第一誡，欽崇一天主萬有之上。第二誡，毋呼天主聖名以發虛誓。第三誡，守瞻禮主日。第四誡，孝敬父母。第五誡，毋殺人。第六誡，毋行邪淫。第七誡，毋偷盜。第八誡，毋妄證。第九誡，毋願他人妻。第十誡，毋貪他人之財物。除了第一誡至第三誡是特定針對教友所訂，其餘七項誡規可說是人類普遍的倫理價值，而卑南族祖先的訓誨也符合這樣的價值觀，以下是報導人說明天主教與卑南族倫理道德觀的相應之處：

（卑南族的倫理道德觀）大部分和我們教堂的規誡一樣，所以（天主教）很符合我們。像天主十誡，當然前三、四個不一樣，但是大部分我們是這樣教育下去。我認為特別的地方是我們以前父母親的教育方式跟漢人不一樣，他教育我們只要努力就不會貧窮，不像漢人說學聰明一點就不會貧窮，所以我們是努力，他們是要取巧。我們老人家的觀念比較接近神的做法，就是要做，不是用騙的這樣。（尤二郎，2016/8/15）

〈基督教與台灣原住民文化〉一文將基督宗教的倫理思想與台灣原住民的倫理道德做了對照，台灣原住民的倫理道德思想在本質上擁有慈愛之心、羞恥之心、憐憫之心、敬老愛幼之心、正直之心，並且正直豪爽、樂於互相合作，不過在表現和實踐的對象和範圍較狹窄，僅限於同族之間或現下的時間之內。基督宗教的倫理以「愛」為中心思想，基督宗教的愛是普世的、廣博的，從個體到全人類，並且是積極的、自發的。從範圍而論，基督宗教的「愛」包含了原住民的「愛」，原住民的互敬互愛，在本質上與基督宗教的愛是一致的。（池漢鑾，1993：9-13）天主十誡中的規範，若一言以蔽之，目標即為使人實踐「愛人如己」的誡命，而卑南族的倫理道德觀，從家庭到部落，強調互愛、互助、互敬，此正符合了天主教強調的愛的精神。

三、神父的真誠與關懷

在田野過程中，多數報導人認為開教時期神父對村人的關懷，是族人歸信天主教非常重要的因素之一，幾乎所有報導人都向筆者述說費道宏神父對知本的深切關懷：

> 當時費神父還在，他在紀錄的時候我還很小，他看到很愛讀書的人就會幫助他，叫他繼續讀書。（尤二郎，2016/8/15）

> 費神父那時候感召很多人，我們知本大部分都是（天主教），尤其是第四條路的。他是我們的本堂神父也是我們的恩人，很多的原住民不懂得感恩，生活一變好就忘了神父以前是怎麼對他們的。救濟品是外國過來的，但是神父是確實去幫助人家，結婚要聘金、要餅，都是跟神父借錢。（陳榮隆，2016/8/26）

> 以前第四條路那邊都是教友，他們的恩人就是費道宏神父，他不分原住民還是漢人還是外省人，全部都是自己的人一樣。曾經有一個人病得很嚴重，他看到了，就叫教友跟他一起開車，帶他到宜蘭羅東，把這個人救起來，這個人也不是教友，他家裡也是擺神明桌，不是十字架的，這個人現在還在桃園。我們每年五月都會為費道宏神父獻一台彌撒。他救的人太多了，沒有在分教友才救，不是教友就不救。（林茂盛，2016/9/2）

費神父對知本村人視如己出，在各個方面盡其所能幫助所需，他的行動正是基督徒強調的博愛精神。而如前二章所述，費神父為部落孩童開辦了幼稚園、為部落教育延續 palakuwan 傳統、為保留部落文化而從事田野調查，如此傾盡全心、全力為知本的付出，感動了許多村民，他本身即為最佳的基督徒精神典範。

四、卑南族傳統社會階序觀念

天主教會傳入知本後，三大家族 rahan 和部落中許多長輩紛紛加入天主教。在卑南族社會中，長者是最具豐富生命經驗和能力者，地位非常重要，有議決部落事務的資格，因此當 rahan 及長輩們都成為教友之後，便起了領頭的作用，愈來愈多族人也因著他們的鼓勵而加入。

筆者認為，rahan 和長輩對於部落信仰天主教的最大影響力，可由拆除原祖靈屋以建教堂一事顯見。筆者在田野調查之前，預想拆除祖靈屋在當時可能引起族人激烈的反彈，然而訪談多位報導人之後，卻發現拆除祖靈屋在當時並未引起反對聲浪，頂多只有堅持不加入天主教的族人，在觀望會發生什麼不幸的事情。多位報導人表示，正是因為卑南族非常看重長輩，「老人家說什麼就是什麼」、「我們知本就是很聽老人家的話」，所以當 rahan 和長輩說要拆祖靈屋，族人並沒有為此不服或不滿。由此，必須回到卑南族的傳統社會階序觀念當中，方可理解部落為何能夠接受拆祖靈屋而建教堂，以及為何有多數的族人選擇加入天主教；而從另一個方向思考，天主教曾經在部落具有重要影響力，也正是因為許多長輩是天主教徒的緣故。

五、天主教會帶來新奇的事物和世界觀

白冷會的外國神父來到知本傳教時，為宣揚天主教的道理，教導村民學習天主教的經文和歌曲，還帶來了樂器，許多孩童深受吸引，經常到教堂參加這些活動；同時，神父也多次向部落的 rahan 誠懇地介紹天主教，告訴他們這是一個世界性的宗教，rahan 接受之後，亦開始鼓勵族人加入天主教，以下是幾則報導人對當時的回憶：

> 天主教會來到知本部落是在民國四十二年的時候。當時我本人曾建次大概是十歲、十一歲的年紀，有位林姓的漢人傳道員，每天對著有意願認識天主教的民眾進行道理、經文的講解，教導孩子如何唸經文。……龔神父並不是一來就說，我在這裡要蓋一個教堂，你們來接納，我來介紹你們接受吧。……他一來到部落時候，先拜會一個會說日本話也會講本地話的知識份子，由他把天主教會介紹給大家。當時召集知本的三大家族，也就是瑪法琉（Mavaliw）的頭目叫陳裕興（Avusu），巴卡魯固（Pakaruku）的頭目叫高順德（Asiver），邏法尼耀（Ruvaniaw）的頭目叫陳宗古（Temawtung），這三個頭目聚集在一起和神父做一個相遇的對談，神父表示天主教會有意思進入這個部落，介紹你們認識這個國際性的宗教，告訴你們耶穌基督是誰。經過了幾次的介紹與解釋之後，頭目們相信這是個好的宗教，了解它是一個國際性的、遍傳整個世界的宗教，知道天主教會所崇拜的天主就是原住民所謂的創造天地萬物的主宰。……這些頭目開始鼓勵大家接受天主教會，

所以當時的家族一個一個都進入了教會。於是天主教會在很短的時間內，大約有三分之二的村民，願意按照天主教會的禮俗，每個禮拜天聚集在一個地方，參加彌撒禮拜。（知本天主堂編，2006：22-23）

我十幾歲的時候就開始加入，好像是興趣還是什麼，因為去那邊可以唱唱歌，還可以練習經文，我本來就沒有讀書的，可能是要學習文字的關係就加入，像第一個傳教師會教我們唱歌，還有經文，像是聖母經、信經，都是用國語，所以感覺好像可以練習，有那種想法。還有唱歌，那時候剛好是外國神父，他用英文教我們，那個歌用英文教的，我們也是學習這樣唱，但是不懂意思。（尤二郎，2016/8/15）

我們小姐的時候（十幾歲）雖然我們拜拜，可是我們還是都去教堂，教堂很熱鬧，我們可以去跳舞、做什麼，我們很愛跳舞啊，聖誕節什麼的很熱鬧。反正教堂很好，又可以跳舞、又可以領麵粉什麼的，後來我們結婚就進教堂（加入天主教）。（林秋蓮，2016/8/23）

以前錫神父一個禮拜來一次，他都是騎車來，會跟小朋友玩，我們都叫他「奇怪神父」。到費神父的時候，他買樂器，男生就吹樂器，女生就唱歌。（陳榮妹，2017/7/23）

我父母親都是最早期的教友，神父來到這邊很吸引小朋友，沒有看過外國人，又會講國語能跟他們溝通，老一輩大概就只會講日語，我在想他們可能對外國人特別是白種人有排斥感，因為以前日據時代他們是日本國籍，來轟炸台灣的都是美軍，所以他們多少對白種人會有排斥，但是小孩子不會，很容易被吸引。我聽說那時候最早來的神父有騎馬的，從台東騎馬過來，錫質平神父因為是瑞士人，可能有申請到二戰德國人的摩托車，就是左邊有人在騎，右邊有箱子可以載人的，騎那種車到知本來，就更吸引小朋友，那時候他們大概也三十幾歲，就載小朋友，小朋友會常常期待外國神父，他們來的時候一定有帶一些物資或糖果，還可以坐他的摩托車在村莊繞，聽說是這樣，所以很吸引小朋友。後來我看我們教友簿，有領洗的前一百個人，我媽媽那個年齡的佔了差不多三分之一。（盧英志，2016/7/26）

由田野訪談分析，知本村的第一代教友，出生年份在 1940 年代者，在開教當時是十多歲的孩童，對於神父帶來的事物感到好奇、有趣，也喜歡到教堂學習新事物，常往教堂跑，自然而然加入天主教會。而 1940 年代以前出生的教友，在漸漸認識天主教之後，加上 rahan 的鼓勵，也開始加入天主教。

六、外援物資的吸引

光復初期的台灣，各地普遍貧窮，人民生活艱困，當時基督宗教各教會向國外尋求物資支援，許多人為領取救濟品而加入教會，知本也不例外：

因為那時候是光復，我們知本（很多人）沒有得吃，教堂開始發放救濟品的時候，知本全村的人開始就信，因為畢竟還是要吃飯，教堂發麵粉、奶油、衣服，所以那時候大部分都開始信天主教。可是後來我們人很奇怪，發展了以後就忘記了，好像說他有了能力，忘記當時是教堂把我們的生活情況改善起來。所以等大家都有賺錢了，都好像往各自的想法去信仰。（尤二郎，2016/8/15）

在那個時代，大家生活過得非常貧困，龔神父……請求國外的信徒支援，就有了所謂的「救濟品」。而這些救濟品並非是吸引信徒的手段，而是以耶穌基督的愛與精神，來幫助需要幫助的人。（知本天主堂編，2006：23）

外援物資對於當時的人民而言，確實能緩解生活的現實壓力，過去也有許多研究把外援物資視為基督宗教的傳教手段，以求增加信徒人數。在田野過程中，令筆者意外的是，教友報導人多數不認為教會的外援物資是使教友加入天主教的主因，他們強調天主教會在發放物資時，並沒有限制領取物資者必須是教友身份；至於為了物資而加入教會者，通常是出於 maira（不好意思）[1]的心態，但外援物資中斷後，也就不再進教堂。不過在知本，外援斷絕後仍進教堂者是多數，因此利益取向不是知本族人加入信仰天主教的主因[2]，相較之下，與知本相鄰的建和部落，原本也有天主教會，教友人數也多，外援停止後，教友便在短時間之內流失。

綜合上述，可再將卡大地布族人歸信天主教的因素分為外在因素與內在因素，外在因素包含受到天主教所帶來新奇事物和世界觀的吸引，和外援物資的誘因；內在因素則為天主教教義與卑南族傳統宇宙神靈觀的相融、天主教與卑南族倫理道德觀接近、受到神父真誠關懷的感召，以及卑南族傳統社會階序觀念。

[1] 知本卑南族非常重視禮貌，很注重禮尚往來，也會盡量避免不勞而獲之事。
[2] 雖然報導人認為物資因素並非歸信的主因，但考量教會人數的成長確實有一部份來自為領取救濟品的民眾，加上為呈現時代背景，筆者仍列為歸信因素之一。

筆者認為，外在因素的性質偏向「契機」，亦即族人因好奇、興趣甚或現實需求，而與天主教接觸的機會，但變動性較大，一旦當族人不再感到新意，或是如前所述外援中斷後，就有可能使族人與教會失去連結。過去的研究常將重點置於外援物資的討論[3]，但以知本的狀況，這些外在吸引力並不是能夠使信仰穩定的因素；正如黃宣衛以及曾建次提出的看法：

> 不少漢人認為原住民的基督宗教信仰與教會的發放救濟品有關。筆者並不否認，這個因素在民國40-50年左右，的確對各教派的發展產生一定程度的影響。但是若把它當作是原住民接受基督宗教的唯一理由，就未免太以偏概全了。（黃宣衛1999：18）

> 很多人誤解天主教會基督信仰者，認為用救濟品來吸引民眾作為基督徒。當然有些人，可能是藉由救濟品和天主教接觸，在長時間接觸之後，當沒有了救濟品就馬上不進教堂的人也有，可是百分之八十以上的人都繼續接受基督的信仰。（知本天主堂編，2006：23）

外援物資雖然仍與信仰人數的成長有關，但經歷時間的驗證，顯見這非但不是教友加入天主教的主因，反而還成為族人分辨加入天主教會者心態的判斷標準。

接著探討內在因素，這些內在因素與教友的心理想法、個人選擇，以及固有的觀念有關，相較於外在因素，更具主動性和積

[3] 1949年全省天主教教友約一萬人，1964年教友的人數增到265,564人，成長數目令人稱許，被稱讚為台灣傳教史上的「奇蹟」。Brigitte 指出造成奇蹟的原因之一是西方教會在經濟和社會救濟大量支援，促成許多人加入教會（Brigitte,1994：62-66）。（浦英雄，2002：2）

極性。首先談論卑南族傳統社會階序觀念影響族人加入教會，這是第一層的內在動力，亦即陳文德研究中所述：「部落以領導家系為核心所建立的階序性關係，連結不同親屬群體而形成一個更大的人群結合。」（陳文德，2010：55）的特性，以及多數長輩虔誠於天主教的影響力。第二層內在動力則表現於族人自身的選擇。當初有些族人因 rahan 的帶領而加入天主教，但 rahan 的職位可能傳承給非教友，或者有教友身份的 rahan 出於個人因素，不再願意進教堂，但教友並未隨著 rahan 而離開教會，這便是個人選擇的主動性。

個人選擇的主動性也來自於受到神父愛德典範的感召，特別是對費道宏神父的感念，費神父使教友深刻體會博愛精神，而成為使族人加入教會的原因之一，族人至今亦仍將他視為知本的恩人。筆者認為，費神父對於教友的影響力不僅止於其愛德精神，還包含了他對於卑南族傳統文化的積極、正面態度。費神父對於卑南族文化的重視和學習，使他能夠理解族人，也讓族人感受到尊重，這一點與同時期傳入的長老教會形成明顯對比。在《台灣基督長老教會百年史》中，從駱先春牧師的描述，可見早期基督長老教會的態度，認為原住民族的傳統皆為迷信、不可崇拜祖先，菸酒檳榔也是惡習，在這樣的前提下，要使特別敬重祖先的卑南族接受長老教會，實為不易。天主教傳教的態度不同於長老教會，天主教會允許敬禮祖先，但教導教友祖先與神的差別，釐清對於祖先是尊敬而非崇拜，如此作法自然較為族人所接納和適應。且天主教神父站在學習和認識的立場，嘗試了解和紀錄傳統文化，與族人多有交流，也使族人感受到親近而非排斥，因而能對天主教會持較開放的態度。相似的狀況也可見於阿美族歸信天主教的研究：

> 相較於基督教，天主教的神職人員對於傳統風俗習慣寬容的作風，以及不禁菸酒的隨和態度較為當地人所接受。有些居民提到宜灣部落在改信基督教之後，廢除了集會所且影響了年輕人對年長者的態度，甚至造成部落失和的情形，讓他們對於基督教打壓地方傳統和嚴禁菸酒的傳教方式不予苟同。（葉淑綾，2014：7）

再回到天主教與卑南族的倫理道德觀，以及天主教教義與卑南族傳統宇宙神靈觀，上述可見兩者能巧妙相融、對應理解，甚至將天主教的概念為卑南族的既有概念加以補充，使其宇宙觀更為完整。這樣的經驗在其他地區也有類似事例，例如陳文德在〈膽曼阿美族的宗教變遷〉即敘述：「天主教傳道的知識增加，無疑地擴大了他們的世界觀。……『原來知道的只是部落的由來和傳承，而不是世界的創始。』」（1999：47）。這類事例即為本地化所追求之「天主教信仰在當地人民的文化及生活內降生或生根，以便信仰透過當地的語言、文字、固有的觀念反省，透過固有的精神和宗教傳統，得到真正的表達、生活、發展和傳授。」（主教團 1976：二、4，引自郭文般 1990：180），此處以「降生」與「生根」表達基督信仰與文化的關係，以意象比擬而言，其意義是教會如同天主聖子（以嬰兒的形象）「降生」在當地文化中，領受當地文化的滋養而逐漸成長，並與當地文化結合（生根），而成為當地文化的一部分。（郭文般，1990：180）因此，天主教教義與概念和卑南族傳統觀念互相結合，不僅是使族人歸信的主因，也隱含天主教為部落族人接受的程度已達本地化發展的條件之意義。

反觀同一時期，其他原住民地區的大量歸信基督宗教現象，Hoeben 說明原住民接受基督宗教之原因，始自日治時期有計畫的推展皇民化運動，並以改變風俗習慣為名，大力整頓原住民的歲時祭典或宗教慶節，更試圖將神道教取代原住民的傳統宗教，原住民雖曾努力維持其傳統宗教祭祀，並進行抗爭，也不認同日人之神道教，然而在各種控制之下受到壓抑，宗教需求呈現一種「真空」的情況，而基督宗教信仰的到來，正好填補了這「真空」的情況。（Hoeben，1997：110，引自浦英雄，2002：2-3）若以知本的情形對照之，卑南族對於傳統信仰的底蘊較深，基督宗教傳入之時，知本在歲時祭儀和社會組織方面所遭受的阻礙較多，但傳統信仰並未嚴重崩解，與上述所謂填補心靈空虛一說的狀況並不相符，歸信主因依然在於天主教與卑南族的既有觀念能夠結合，不只使得族人原先的宇宙觀擴大，對於生命也有更深的瞭解和踏實感，如此才廣為族人接受。

綜而言之，卡大地布部落族人歸信天主教，主要受內在因素影響較為深遠，外在因素的影響較淺且短暫，如同羅永清（2000：6）所述：「基於政經因素而靠攏的皈依（基督宗教）現象對於該族原本的宗教層次的影響不大。這提醒我們在了解原住民皈依基督教的現象以及因由時，必須探問原住民是否在宗教層次上來認知外來宗教，是否在宗教需求上來接納基督宗教。如此我們才能進一步解析出原住民歸依基督宗教的內在的認知詮釋。」。從內部因素分析卡大地布族人接受天主教的原因，不僅能夠理解族人的思想認知，也才能夠進一步瞭解族人的大量歸信如何連帶影響了教會在當地的力量作用範圍。下一節探討天主教的力量如何在部落中運作，以及在部落的發展過程當中，天主教會如何與部落互動；又，長期以來，天主教的影響力、功能和角色經歷了那些轉變。

第二節　知本天主堂與卡大地布部落的互動

一、部落重心的轉移

前一節探討了天主教如何為卡大地布部落族人高度接受，本文第三章及第四章也描述了知本天主堂的發展，統整歸納可得，因著天主教被族人廣為接受，天主堂在 1990 年代中期以前，是部落族人的生活重心，多數族人都是天主教友，教堂也是部落祭典和各大小活動的聚集地，甚至亦可說文化復振工作是以教堂為出發點。過去研究將 1993 年收穫祭場地遷移一事，做為教會與部落互動模式的轉捩點，筆者認為，該事件確實使教堂失去了場地中心的地位，但就當時的狀況觀之，部落事務的核心幹部仍是教友，天主堂也繼續在從事部落的文化事務，因此天主堂的影響力依然重要。進一步探究，現代組織的建立及其後續所帶動的族人身份認同，或許才是真正致使部落重心自天主堂轉移到部落的因素。

1995 年，部落成立第一個以卑南族為主體的現代組織—知本原住民發展委員會，開始進行文化復振工作，重新恢復傳統祭儀。1998 年改為使用部落名並冠以文化為目的之「卡地布文化發展協會」，除了原先委員會的工作重點，亦積極從事社區總體營造工作[4]，結合各項資源，推動部落文化產業、部落導覽等活動，同時爭取經費修繕部落傳統建築、規劃部落整體空間景觀。除了實體建設，卡大地布部落早在 2000 年就由青年配合台東縣政府補助辦理的「原住民終身學習 e 化部落」，建置「卡地布巴拉冠風雲」部落資訊網站，是卑南族中第一個設立資訊站的部落。卡大地布部落在社區營造上的活躍，使部落從 2002 年起被列為台東區社區營造的「陪伴社區」[5]，2005 年更獲得「重點部落計畫」補助[6]。（陳文德，2010：14-15；鄭丞志，2006：101）

經過多個計畫和活動的運作與執行，部落以協會的名義出版了部落文史、部落歌謠音樂專輯，甚至知本天主堂的五十週年堂慶紀念專書也由協會出版。在部落事務方面，協會配合各項祭儀的籌劃、舉辦，例如小米收穫祭、婦女換工祭等，協會亦推動文化暨產業活動，例如協助成立部落藝術家的工作室、部落文化產品週邊設計等，可說部落各項事務必有協會經手。雖然文化發展協會在成立初期，曾因其是晚近出現的現代組織，與部落中既有的傳統組織和領導家系產生定位的問題，但時至今日，領導家系、

[4] 1999 年，陳水扁總統與原住民各族代表簽署《原住民族和台灣政府新的夥伴關係》，2002 年發布《挑戰 2008：國家發展重點計畫》，針對台灣原住民部落做具體施政計畫，行政院原住民族委員會規劃〈原住民新部落運動〉，內容包括部落社區產業發展、部落社區新風貌、營造學習部落與社區、重點部落計畫等。卡大地布部落在 2003 年以前主要是申請文建會的經費補助，2003 年起開始尋求原民會的經費補助。（鄭丞志，2006：101-102）

[5] 陪伴社區是具有社造經驗且能夠傳承的社區，為其他正在學習社造實踐的社區提供意見諮詢。

[6] 全名為《九十四年度原住民部落永續發展資源池造產重點示範部落計畫》，卡大地布部落的計畫內容包含工藝師養成、傳統歌謠錄製及包裝與行銷、文化知性之旅解說人員養成、部落文史採集、縮減原住民數位落差—資訊教育訓練。資料來源：文化部臺灣社區通網站 http：//sixstar.moc.gov.tw/blog/katatipul/communityResultListAction.do?method=doRead&type=1&resultId=9309，最後檢索日期：2018/5/22。

協會和傳統組織之間已達到平衡的默契，能夠彼此協調、配合、支援，使部落事務順利運作。

綜合上述，協會是部落對外的窗口，也掌握了最多的資源，成為協助部落傳統文化發展以及推動地方文化產業的角色。協會所執行的各項社區營造計畫，或帶給族人工作機會，或能夠改善族人生計，計畫的執行也捲動了更多部落族人參與各項部落事務和對外活動；在更深一層的意義上，這些共同參與的經驗帶動了部落族人對自身的身份認同及族群意識，產生尋求作為一個「卡大地布」的「卑南族人」的意念。在這樣的過程當中，協會的重要性逐漸高過天主堂，而協會又代表著「部落」，因此可說族人的生活重心自教堂轉移到部落。

二、天主教會對部落的影響

如前一章所述，信徒的組成影響了宗教在一地的作用力範圍，再承續上文，雖然族人生活重心由天主堂轉移到部落，我們仍可在歷史脈絡和現代部落組成或運作當中，看到天主教會對部落帶來的一些影響。例如第二章所言及之婦女會分班與青年會名稱的沿用，以及第四章所提傳統習俗 ma'atar 的時間受天主教影響而改變等。除了上述明顯可見的事例，筆者尚注意到兩個與天主教會的性質相關，而可能潛在影響部落的事例，一是兩性參與公共事務的機會，一是教會跨堂區交流的連結。

在卑南族傳統中，女性未有如同男性會所制度清楚而嚴謹的年齡級組織，當教會來到部落，其活動對象沒有性別限制，而教堂事務又時常特別仰賴婦女的幫助，女性的角色因此得以被看見和看重，加上palakuwan在天主堂的時期，是由男女青年共同參與，而教堂本身的青年會信仰團體也包含了男女青年；筆者思考，1994年部落會所制度重建時，曾設有女副會長一職，或許是來自天主教會不分性別，強調共同參與的影響。

另一個值得討論的是，鄭丞志（2006）之研究所紀錄的收穫祭恢復過程，當中提到知本的青年是因為天主教會的機緣，認識了其他部落的青年，並受邀參加祭典，因而激發了對自己部落祭典消失原因的反思，以至有後續恢復祭典的行動。由此可見，天主教會成為部落之間的橋樑，是部落間互相交流的一種管道，也是這樣的連結，開啟了知本青年恢復傳統祭儀的契機。

三、天主教會在部落的角色與轉變

接續前文，天主堂曾是部落生活的重心，而此重心轉移到部落後，族人的生活實際上有何變化？這些變化對天主堂帶來了什麼影響？以下筆者就田野觀察的實例，分別從幾個層面說明。

（一）教堂青年斷層與部落青年教育

傳統會所制度恢復以後，部落青年會的主要目標在於恢復與執行傳統祭典，這樣的環境氛圍造就了年輕人「做中學」的學習方式，也正回歸了原本「寓生活於教育、寓教育於生活」的經驗傳承型態，而年輕人參與部落的團體生活和公共事務，使得自己與部落和自身族群有更深的連結。（林頌恩，2004：154-155）會所教育強調個人融於集體之內，而每個人都要為其所屬階級的團體行應盡的義務和負責任，透過團體共同行事與相處，在過程中彼此更加認識，進而產生共患難的革命情誼，也形成了同儕之間的凝聚力。會所內的階序關係和人際互動亦不僅止於個人與會所團體，更可以延伸至部落的人際和家族、宗親的關係，例如會所內較長的青年會特別照顧同一宗親家族的孩子，家族之間互相關心彼此孩子的狀況，如此而形成穩固的社會支持網絡，部落整體亦肯認會所的意義與價值。青年在會所由較長青年帶領，學習認識自我和人格品德的養成，逐漸成為一個卑南族男子應有的樣貌。在現代學校教育制度的框架下，年輕人自是不可能如同過去一般時時刻刻在會所內學習，但會所和家庭、部落相連結的社會意義依然強烈，會所也在不斷的嘗試中找到適合現代的部落教育模式和意義價值，卡大地布族人將參與會所視為人生中必經且絕對重要的過程。

以上所述為男性的狀況，女性因無會所制度，在部落教育中容易被忽略，由於這樣的情形，教堂成了女性得以凝聚的場所，不少女性報導人表示童年和青春期都是在教堂度過：「以前我們 anay 都一起在教堂啊」、「小時候我哥哥就去 palakuwan，可是女生沒有 palakuwan，所以我都跟媽媽去教堂玩，教堂還有其他女生」。然而近年來，知本天主堂的青年世代相較過去銳減，目前固定進教堂彌撒和參與教會活動的青年僅約十位，其中男性只有兩位，年齡層集中在國、高中階段，大學至剛出社會階段的青年幾乎只有重大節日才會出現。

筆者認為，教堂青年斷層的主因是堂區青年牧靈工作的缺乏。依據筆者經驗，教會青年牧靈工作應著重在帶領青年認識自我、探尋生命價值，並深化信仰精神，但知本在開始進行部落文化復振後，教堂的活動對年輕人而言不再有吸引力，加以會所教育和部落社會結構促使同儕之間影響力增強，年輕人彼此影響之下，陸續不再進教堂；年輕人不願進教堂，又使得教堂的青年牧靈工作愈漸難行，再加上堂區財力不堪負荷傳道員的薪水，自 2011 年後便無力再聘請傳道員協助，青年牧靈工作就此告終。在天主堂無力顧及青年牧靈的同時，會所著實提供了年輕人心靈發展及各方面學習上的需求，而部落族人也開始注重女青年的凝聚和教育，於是愈來愈多年輕人參與會所和部落活動而捨棄教會[7]。

筆者訪問幾位不同年齡層、學生時代多數時間都在教堂度過，但現已不進教堂或是只當「節日教友」的報導人，報導人不進教堂的原因在性別上有所不同。男性多半認為「彌撒很無聊」、「在教堂不知道要做什麼」、「大人喜歡管東管西」，相較於教堂，會所則是「很多事情可以做」、「想幹嘛就幹嘛，跟家一樣自在」、「我們做什麼都要跟 ali'[8]一起，我們一定都是一起的」。女性雖然沒有會所制度，但因為同一個年齡階層互為 ali'、anay，同儕的重要性依然非常高，當筆者詢問不去教堂的原因時，女性報導人回答首要原因是「沒有朋友在教堂就不去了」、「朋友都不去，只有自己去很奇怪」，次要原因才是「自己在教堂也不知道要做什麼」，由此可見同儕是最主要的影響因素。

---

[7] 筆者對於堂區青年的流失，有非常深刻的體會。2010 年與筆者一起合作舉辦兒童夏令營的青年們如今可說完全不進教堂，但會出現在部落活動，甚至一起組成轎班團體，參與大小廟會的扛轎活動。

[8] 卑南語以 ali'稱呼男性同儕，意義同「anay」，請參考本文第二章第一節註 36。

目前會固定參加彌撒和教堂活動的青年（以下簡稱堂區青年），主要都是虔誠教友家庭的孩子，除了本身家庭信仰的關係，「anay都還在教堂」也是讓他們持續進教堂的原因，然而這兩個因素皆出自習慣，而非自身對信仰的渴望或熱忱，且如前所述，知本天主堂已無青年牧靈工作者，堂區青年在信仰方面很難有所加深，於是筆者細究，發現還有一個因素使這些堂區青年沒有離開教堂，那便是青年陪伴者。

知本天主堂有一位熱心教友，自高雄嫁入知本部落中的一個虔誠教友家庭，而後也領洗成為天主教徒，她從這些青年的孩提時期就陪伴著他們，特別是在信仰上給予支持，並鼓勵他們踴躍參與跨堂區或跨教區的教會活動，堂區夏令營籌辦的召集也由她負責協助。在堂區缺乏青年牧靈工作者時，這位熱心教友願意撥出自己的假日時間陪伴青年聚會，她向筆者表示：「自己能夠給這些孩子的東西不多，也沒有能力讓這些孩子的靈修有所成長，但至少可以陪伴他們，至少他們還願意來教堂，這個連結不要斷掉就好了。」，而堂區青年也坦言「我們好像是因為阿美阿姨（即前述熱心教友）才去教堂的。」，由此可見，彼此的情感支持也是堂區青年不至完全脫離教會的原因。然而，筆者認為以上三個維繫青年進堂的因素，對於教會的長久發展而言仍有其限制性，因為三個因素都不是基於堂區青年本身對信仰的追尋，而是在家庭、同儕和陪伴者之間各懸一線的連結，一旦同儕或陪伴者其中一個因素產生變異，便容易全盤崩解。

長期的參與觀察發現，教會和部落事務之間存在競合關係，教堂青年在面對教會與部落活動時，總是全面性地選擇以部落活動為優先，特別是當兩方活動同時舉行時，青年們大多時候會捨棄教堂，追尋與教堂外的同儕和族人一起參與活動的機會。誠如前述，參與活動的共感經驗代表著和部落族人一起追尋作為「卡大地布卑南族人」的身份認同；相較之下，教堂在影響力漸失後，也較少人在乎對於「天主教徒」身份的重視和成為「好的基督徒」的追求；族人對於部落教育的支持，和對於堂區青年牧靈工作普遍消極的態度，更同時分別加深和削弱了上述兩個身份認同的重視程度。

（二）教堂兒童夏令營與部落文化成長班

過去部落兒童在寒暑假最盛大的活動是教堂的夏令營與冬令營，其規模可說全村動員，也經常聯合其他堂區共同舉辦。教會營隊主要目的是藉由遊戲認識信仰，並透過課程了解教會要理和禮儀，以及在營隊期間學習團體生活和基督信仰的核心精神。近年來，冬令營已停辦，僅有暑期的夏令營持續舉辦。部落自 2000 年開始舉辦文化成長班活動，最早期是為了不要讓孩子漫無目的虛度暑假，而將其集中管理的課業輔導模式，之後改成為期一週的課程，內容包含傳統技藝、母語歌謠、尋根活動、戶外參訪等，從經費到課程規劃，完全由族人自籌自辦。筆者於 2010 年首次到知本天主堂，與當地青年共同籌辦教堂夏令營，至 2017 年間多次參與知本天主堂的夏令營，也參與 2016 和 2017 年部落文化成長班的籌辦，從中觀察到兩者存在非常大的差異。

首先談論教堂夏令營。教堂夏令營因為場地在天主堂，而聖堂有其神聖性質，必須遵守的規範和限制較多（例如在教堂內必須莊重、不可喧嘩等），加上教堂管理者是本堂神父，神父本身是否支持兒童夏令營的態度，會影響夏令營籌辦過程順利與否，以及教友的信心和行事作風，如此便是一層隱形的壓力。再者，教會夏令營之特色在於其中的信仰教育色彩，而由於參加對象是兒童，課程內容不能過於艱深難懂，這正考驗夏令營籌辦人員對於信仰理解的深度；以筆者籌辦教會營隊多年的經驗，課程內容如何兼顧信仰精神以及豐富性、趣味性和創意，與籌辦者本身對信仰認識的程度，和參與活動的經驗有深刻的關聯，籌辦者必須在這兩個面向都累積足夠的知識量，才能夠巧妙融合、構思，設計出適合兒童的課程。然而筆者觀察到，現今知本天主堂夏令營的課程內容習慣比照往年既定的流程安排，設計偏向被動思考，缺乏創新的嘗試，2017 年雖然盡可能將營隊課程交由青年發想，但筆者看到青年在這方面多半遇到困難。進一步探究，青年遭遇困難源於本身缺乏信仰的培育，如前所述，堂區已將近十年沒有青年輔導帶領青年深化靈修，目前堂區青年參與跨堂區或跨教區活動的經驗亦少，信仰經驗可能只停留在小時候參加主日學的程度，對於信仰知識量和深度不足，本身吸收已相當缺乏卻要再轉化為給予，實為困難。最後，教會營隊雖然完全不限制參加對象的信仰取向，甚至是更歡迎非教友兒童參與，希望達到共融的精神，但天主堂終究是宗教組織，非教友家庭的家長不一定有意願讓孩子參與，因此參與教會夏令營的兒童人數相較文化成長班為少。

反觀部落文化成長班，學習內容以貼近傳統文化為主軸，且有身具教師身份的重要部落青年號召帶領，以及協會和部落青年會的協助，在課程設計上能夠不斷創新並與文化連結、與族人互動，內容也因為能與日常生活相通，激發籌辦者和孩童的共鳴，更達到教學相長的意義，是非常重要的部落教育活動。在青年培育的部分，因為帶領者意識到脫離孩童階段的青年必須予以更進階的學習，因而近年來增辦「青年教育營」，加強青年對文化知識的吸收，這也使得青年在發想文化成長班的內容時，已具備一定程度的知識量和經驗能力。而文化成長班的場地在部落文化園區，相較天主堂來得自由許多，亦無宗教因素上的考量，因此參與者無論是籌辦的青年或是前來學習的學童，在數量、積極度和活潑程度上都高於教堂夏令營，族人支持和動員協助的程度，以及營隊所擁有的資源，也是今日教堂夏令營所無法相比的。

筆者以田野期間參與兩個營隊的籌辦經驗比較，目前教堂夏令營漸失其應有的信仰教育功能，在青年培育上極需有所作為，否則教堂夏令營容易淪為徒具形式而缺乏精神內涵的營隊，特別是目前堂區青年若成長至需到外地求學的階段，則很有可能因後繼無人而中斷舉辦。部落文化成長班則是在將近二十年的探尋、嘗試中，逐漸得到部落族人的支持，青年也在辦理成長班的經驗中學習並建立自信，而因應各年齡層所發展出的教育活動，也使成長班能夠自立傳承。如今，部落在暑假期間維持著教堂夏令營、青年教育營、文化成長班依序舉辦的模式，但就營隊舉辦的意義而論，文化成長班已成為部落教育系統當中重要的一環，教堂夏令營卻逐漸走向衰退。

（三）教堂與部落的區隔

族人生活重心轉移到部落事務後，許多教友家庭中壯年以下的成員不再進教堂，筆者田野期間常聽到「我們家都是教友啊，我以前也會去，可是我現在不去了」或「小時候會被阿公、阿嬤逼去，長大有反抗能力就不去了」的說法。進一步究其原因，不少族人認為，信仰是一種心靈寄託，屬於自己內心的範疇，在遭遇生活低落或不知所措時，還是會祈禱，祈求天主的幫助，但不一定要藉由「進教堂」來作為規範，對於教義或教會的知識或許也不算了解，不過當別人問起自己的信仰時，還是會毫不猶豫表明自己是天主教徒；值得注意的是，平常不進教堂的族人，在到外地求學或工作時，不少人都有尋找當地教堂的經驗，天主教徒的身份成為族人在離鄉背井時的歸屬。

族人與教會漸行漸遠，除了上述對信仰的詮釋因素以外，也與文化事務執行權的移轉有關。當協會的核心幹部組成不再以熱心教友為多數，部落文化園區成為所有部落祭儀的場地，族人以族群和文化為中心的主體性日益清晰，教堂便日漸邊緣化，族人甚至有「教堂歸教堂，部落是部落」的說法，可見今日族人已將「文化」歸為「部落」的範疇，並與「天主教信仰」做了區分，教堂與部落產生了區隔；這樣的區隔，也影響了教友參與的意願和投身程度。單就教友而言，參與部落和教堂的人員各自形成「固定班底」，有些教友認為自己的才能較為「部落」所需要，因此投入較多心力於部落事務，教堂有特別需要時，才會到教堂支援，平時教堂的事務則交由堂區幹部和其他教友協助，而也有一群教友維持著教堂事務的運作，較少參與部落事務。筆者認為，如此以自身「功能」為參與選擇的傾向，也涉及了現代就業型態之下族人的生活時間分配；較諸過去凡事從教堂出發的行事邏輯，部落與教會出現區隔後，若要投身兩方的事務，會比過去更花費時間心力，因而必須在有限的能力之內做出取捨，這代表著部落和教會事務為多數人而言，是難以同時兼顧的。

教堂與部落出現了明顯的區隔後，也加深了族人信仰身份的分野。過去教堂做為部落核心的時期，許多族人即使不是教友，也會一起參與教堂活動，尤其老一輩對於彼此不同信仰並不會心生隔閡；如今，除了小米收穫祭的男子精神舞繞街和暑假的兒童夏令營，非教友族人幾乎不會進入教堂。筆者在 2017 年參與教堂夏令營的經驗也觀察到，文化成長班和教堂夏令營目前維持相互支持的關係，但此支持關係建立於文化成長班的帶領者，由於帶領者本身是教友，從小在教堂長大，雖然現已成為節日教友，仍對天主教會有較主動的善意和情感，倘若帶領者轉由非教友接任，則這樣的正向連結和支持關係便有可能消失，教堂與部落的區隔亦將更加明顯。

三、天主堂與部落的適應與協調

過去不少研究將基督宗教視為文化的破壞者，然而如前所述，天主教在卡大地布部落不但沒有摧毀文化，反而為部落留下了珍貴的田野資料，但我們也必須以不同的角度來看待天主教會。對於部落未接受天主教的族人來說，天主教終究是「外來」的宗教，從拆除祖靈屋之時，未加入天主教的族人便抱持著認為會發生災厄的態度觀望天主教會。天主教蓬勃發展之後，非教友成為部落中的少數，部落的重心集中在天主堂，這些未接受天主教的族人如何看待這樣的情形？

在過去的研究中，已有研究者注意到這些非教友族人的想法，而有以下紀錄：

> 1970 年代的知本村，天主教堂的信徒最多，約佔全部落二分之一人口，另外基督教長老教會和真耶穌教會的信徒則並不多。當大家在一起開會籌備豐年祭時，基督教長老教會和真耶穌教會的信眾也受邀參加討論，但是到了決定到天主堂之大場地去辦這些活動時，這些少數教派的人就不來參與。因為他們覺得慶典的活動已為天主教所把持全權主導，造成部落的意見分歧和在行動上的不合作。（宋龍生 1998：36）

由此可見天主教掌握主導權，確實使非天主教徒心生不滿。除了以上這則紀錄，鄭丞志（2006）的研究中，詳細描述了小米收穫祭的恢復過程，以及收穫祭場地逐漸移出教堂的經過，該文多次使用「衝突」甚至「打壓」等詞彙[9]形容教會與非教會的關係，然而細究其內容，教會與非教會之間的隔閡，至多是意見上的分歧，以及非教友不願意參加於天主堂場地舉辦的收穫祭，或是族人之間透露的微詞；筆者田野調查期間也特就此部分訪問族人，族人表示並不曾因信仰不同而發生嚴重的衝突事件，頂多是對於教會掌權不服的批評，因此筆者認為鄭丞志之用詞有失精確，且容易致使讀者將宗教的分歧嚴重化解讀。

[9] 詳請參閱〈一個部落失落至重現過程之研究：以知本 Katatipul 部落經驗為例〉（鄭丞志，2004：37-53）。

上述兩份研究都清楚提及，非教友基於宗教因素而抗拒在天主堂舉辦的收穫祭，筆者田野訪談時，報導人表示，收穫祭雖在教堂舉辦，主事者也是教堂幹部，但教會是完全開放的，並沒有不歡迎非教友的參與，反倒是非教友的預設心態而導致隔閡的出現。鄭丞志針對兩方心態做了持平的分析：

> 雖然那時候天主堂在外界看起來是關起門來辦屬於教會自己的豐年祭，但是其實他們是不會去直接排斥非教友的，但非教友的部份除了幾個年輕人以外，因為往往自己先預設宗教立場，也拉不下老臉，雖然天主堂近在咫尺，卻怎麼也走不進來。……當時天主教的教友的認同，是以對天主教的認同為出發點而去辦的豐年祭，是為了彌補對一小塊傳統文化失落的不足；而非教友也是因為宗教上的排他性，而將傳統文化上的認同隱藏，甚至怪罪教友是關起門來辦自己的豐年祭，這樣消極的想法，所以宗教認同會大於對傳統文化的集體認同，當時傳統文化的認同是具有隱藏性不被彰顯的。（鄭丞志，2004：48）

對於天主堂教友舉辦收穫祭的心態，是否如上文所言「是為了彌補對一小塊傳統文化失落的不足」，筆者由於本身天主教徒身份的限制，難以向族人求證[10]。在此，筆者更關注的是鄭氏所提出當時宗教認同大於傳統文化認同的觀點。曾有報導人向筆者分析道：「知本以前是教會比傳統文化大，現在是倒過來，傳統文化已經比教會大了」[11]，若將此段報導人的分析作為教會與部落權

[10] 非教友族人儘管有如此想法，也會因禮貌而對筆者有所保留。
[11] 2017/12/4 田野筆記。口述：TR2，地點：知本里自宅。

力移轉的精簡概述，則鄭氏所言即所謂「教會比傳統文化大」，而部落重心轉移之後，天主教會的邊緣化，則符合了「傳統文化已經比教會大」的論述。

今日部落與天主教的互動是正向的彼此尊重、妥善協調並相互配合，筆者於田野期間觀察到諸多實際事例，例如部落會議的時間時常配合教會活動而錯開或臨時更動；2016 年大獵祭族人集合上山之時，適逢一位教友族人出殯，rahan 考慮到教友族人們參與殯葬彌撒的時間，先為非教友族人舉行儀式使之順利上山，待殯葬彌撒後的族人要上山時，特地再為他們舉行儀式；教堂夏令營和部落文化成長班、青年教育營三者的時間一定彼此協調，避免撞期；以及如第四章所言，施行多年的收穫祭感恩彌撒與部落小米收穫祭流程在時間上互相配合的安排。許多教友族人坦言，對於天主堂的影響力不再、天主堂的活力下降感到難過、不捨，教友也不免感慨，部落與教堂區隔使得能夠協助教會的人力流失，但同時教友也在學習調適心態，將這樣的情形視為部落自然而然產生的分工機制，大家各自在不同的領域成就應行的事。要言之，目前天主堂與部落在各方面尚能彼此配合，維持著穩定而協調的互動關係。

第三節　知本天主堂之現況反思與未來議題

一、現況反思

天主教傳入卡大地布部落邁向第六十五年，知本天主堂由蓬勃興盛到漸失活力，由核心走向邊緣，反映出部落在不同時代和世代之間接受天主教信仰的程度差異。天主教進入上一代教友心中內化、吸收，而以本地化的各種形式顯現於生活，但在上一代教友轉身過後，天主教是否依然是族人的心靈寄託，信仰能否在族人心中扎根，實是天主教會正在面對且需要積極思考的課題，以下分為兩個部分，針對知本天主堂在卡大地布部落的現況進行討論。

（一）教友信仰情形的討論

卡大地布部落教友的信仰非單一傾向，即所謂「綜攝」（syncretism）現象，指宗教的混合涵化。這種現象在其他接受基督信仰的地區也時有所聞，例如 Saunders（1988）即敘述，在許多地方，狂熱崇拜與正統信仰，或是傳統信仰與基督宗教之間的界線並非堅固而斷然，人們在這其中的跨越可能會遭遇一些困難。他以 Wedenoja 的研究舉例，牙買加人參與教會，同時實行他們視為和教會「互補」的崇拜，這種綜攝現象已逾百年。當一個宗教之思想體系的重要性沒有超越當地人民對該宗教的實際利益期待時，綜攝的現象就更加明顯。在平時，互相矛盾的信仰或許可以毫無障礙地相存同一個環境當中，但當人們遇到難題時，信仰之間的差異便會凸顯出來，然而實際上，對於人們來說，不同的信仰提供了面對難關時，多種可行的替代選擇方案。（Saunders, 1988：191）而如陳文德（1999：37）所言：「『改宗』的過程是錯綜複雜的，並非是種全然『揚棄』舊有宗教而『接受』新的宗教的二分性質」。對於綜攝現象的出現，以教會角度詮釋，代表的是信仰者本身不夠堅定、未了解自身的信仰內涵，導致尋求其他宗教的靈力。然而從田野經驗及 Saunders 所述，筆者認為卡大地布教友的綜攝現象，是族人在遭遇難以解決的實際問題時，渴求回歸一般日常生活的追尋[12]，因此除了從教會的角度理解以外，尚應思考這些現象的出現與族人日常生活的關係[13]。

再回到教會的立場，筆者訪問曾建次主教時，主教以「未扎根」來形容今日卡大地布教友的信仰狀況，由於信仰尚未深植人心，因此即便教友家庭仍為多數，參與教會的人數卻日漸下降。事實上，何謂信仰扎根，抑或何謂虔誠，皆難以標準化或量化評斷，但筆者認為若從信仰與生活的關聯切入，則有探究的空間。Clifford Geertz 提出一個不同文化如何處理基督宗教道德負擔的分類模型，該模型以「範圍」（或廣度）（scope）和「強度」（force）兩個向度組成，「範圍」指在某個情境之下，該情境「被認為與宗教相關」的可能程度，「強度」則指該情境「被認為與宗教相關」的強烈程度和重要性（Geertz, 1971, as cited in Saunders, 1998：

---

[12] 有個令筆者印象深刻的事例，一位報導人述說他的重病經驗，他曾求醫、祈禱皆無效果，而當時部落中幾位資深 pulingau 還在世，這些 pulingau 因信仰天主教而沒有再繼續 pulingau 工作，但因為他嘗試各種符合教會規定的方法都無法痊癒，於是幾位 pulingau 合力幫他舉行儀式；該儀式看起來像是傳統巫術方式，但 pulingau 們是以族語誦念天主教的天主經和聖母經，取代傳統 pulingau 的經文，結果他感受到無比巨大的力量，甚至超越傳統 pulingau 在施法時的力量，之後也病癒了。

[13] 例如教友族人掃墓擺置三牲，或許不是單純因為信仰不堅定，尚隱含了「別人有，我卻沒有，這樣對祖先很不好意思」的心理因素和社會壓力。

184)，兩向度各以大小作為評估值，可得一組四象限的模型圖（請見圖 5-1），四個象限分別代表四種狀況類型。

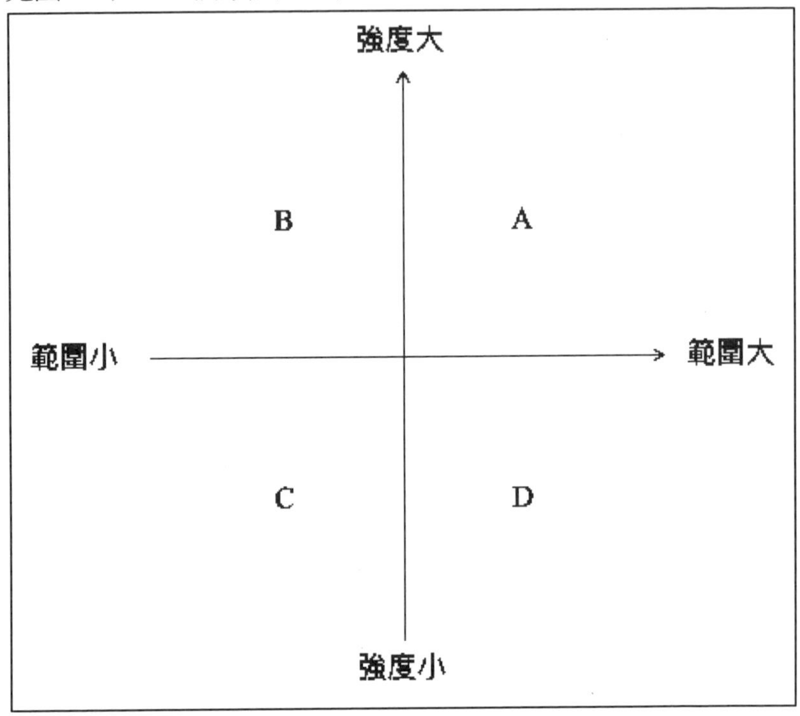

圖 5-1 不同文化面對宗教道德負擔的可能性象限模型。
製圖：陳映君。

在 A 狀況中，宗教觸及了生活的所有面向，人們必須隨時保持警覺，也必須承受道德負擔所帶來的壓力。在 B 狀況的社會，宗教與生活被切割開來，宗教的道德負擔可能是嚴厲的，但人們只需要在極少數的情境下面對它，例如宗教只關注某些會引起社會焦慮的禁忌，或是只要不觸及某些罪過，則其餘可歸為個人範疇不追究；C 的狀況可說是非常「世俗」的社會，道德負擔可能使人產生心理內疚，但行為上依然不受宗教考量的限制，社會對於「罪」的界定基礎可能也較分散且模糊；D 狀況則是宗教滲透於生活中，且有適當的道德影響，宗教雖常存人們心中，影響心靈的深度卻有限，道德負擔恆定但力度輕微，這種社會的人們可能在日常表象中處處顯示與宗教相關的禮儀（例如經過教堂時手劃十字聖號，或常對人說「天主保佑」），實際上這些表象形式的背後可能並不帶有宗教的情感意義。（ibid：184）依此分類方式與筆者的田野所得，知本部落的情況與 D 類型較為符合；由此分類方式回推，知本的情況並非特例，同時也能夠說明曾主教所言之信仰「未扎根」狀況。

再根據 Saunders 所提出文化與基督宗教之間的辯證關係，他認為這兩者之間互相調適和轉化的過程，有四種值得思考的類型：(1)基督宗教本身—其思想體系、象徵系統和制度結構—如何適應到特定的社會條件當中。(2)在地族群的社會組織如何受基督宗教的教義、象徵系統、教會組織或其他因素影響而變遷。(3)當在地文化接受基督宗教，該文化有何轉變。(4)當個人與基督徒接觸或歸信某一教派之後，其人格特質、認知型態及人際行為有何改變或修正。（ibid：2）由此四類型反思卡大地布部落現況，天主教雖補充了卑南族的傳統宇宙觀，但在教義和象徵系統層面的轉化較為薄弱，今日族人的思想和價值觀仍多遵循傳統社會既有的準則，加以天主教所關切的生命價值，例如個人救贖等觀念，與族人所關心的現實生活有所差距，信仰的精神層面較難以深入族人心中。再者，卑南族本身的社會制度嚴謹而有階序性，族群意識穩固後，以部落為整體的主體性愈發凸顯，族人視部落為歸屬中心，而非天主教所強調之教會即家庭的訓諭。由上述各層面分析，目前天主教會在知本的首要問題是思考如何在精神層面上使族人認同，接著才有後續扎根、深化信仰的可能。

（二）關於教會本地化的討論

回顧本文第四章所介紹本地化概念的重點，本地化的主要行動者是讓福音進入自身文化的在地人民，使文化和宗教信仰融合為一，得到真正的轉化，且本地化不單是思想或神學上的互融，更包含基督徒的具體生活經驗，與文化不可分割，因而本地化可以隨著文化的改變而更新。

知本天主堂的第一代教友雖落實了本地化的精神，但在高度本地化之後，天主教在知本卻走向了凋零，筆者不禁思考，本地化實踐和教會的持續擴展是否具有關聯性，如此便需要先從本地化的意義進行探討。針對本地化的定位和意義，郭文般在〈台灣天主教的本土化〉中提出：

> 教會本土化是否能使天主教在一地進一步發展，可能是一個迷思。……教會本土化的「功能」比較多的意義應該是「提供教內人與教外人交往的象徵意義和符號」，但卻並不真的能夠增益天主教的發展，同時在促使天主教更被廣大的社會接受上，其作用也可能相當有限。簡言之，天主教本土化的措施對信徒的一個核心作用是，可能更是環繞在「社會認同」的作用而不在其他。（郭文般，1990：199.204）

若將此論點對照知本的經驗，則可釐清第一代教友所實現的本土化精神，與今日教友的信仰程度不一定存有邏輯上的必然關係。第一代教友以「天主教徒」作為優先的身份認同指標，在原住民族群意識尚處蒙蔽時，此基督徒身份或許尚能夠與台灣整體社會連結，甚至使族人抱有基督徒身份能夠提升族群社會地位的期待。然而當基督徒身份的功能優勢消失、原住民族群意識茁壯，族人的認同便回歸以自身為主體性的族群文化；倘以此解釋天主教在卡大地布的本地化，其實踐精神中有部分基於社會認同作用，則亦再次說明了為何信仰並未扎根於今日教友心中。

釐清本地化的意義之後，可知本地化未必能有助於教會的擴展，但本地化確實是教會在一地發展及與文化互動成果之真實顯現，信仰深化的工作亦涵括在本地化的範疇之內，因此重要性並不因其和教會擴展與否的關聯而受影響，本地化仍然是天主教會在世界各地的重要工作；然而，台灣天主教會在原住民教會的本地化工作，在實際面上存有不少限制。

首先是堂區神職人員的調任問題。台灣各地神職人員缺乏，尤其本地神職人員的養成更為困難，而隨國民政府輾轉來台傳教的神職人員泰半已年邁或辭世，多個堂口迅速空洞化，為因應此情形，台灣教會聘請外國神父（多半為東南亞籍）來台協助福傳工作，然而神職人員依舊短缺，各教區只好採取「一人多用」的方式，由一位神父兼管多個堂區或堂口。以上情形衍生出三個影響本地化工作的問題：(1)一旦有堂區出現神職人員空洞，整個教區的神父就有可能重新受調任安排，神父在各堂區的任期不穩定。(2)一人多用的方式，使神父疲於奔命，也總是在堂區彌撒之間「趕場」，難以與教友深入交流。(3)東南亞籍的神職人員在語言溝通上有所限制，也不一定有心力關注原住民教會的本地化。

上述三個問題當之中，又以前二者最不利於本地化工作。天主教法典 522 條明定：「堂區主任享有穩定性，為此任期應是無限期的；只有依主教團法令的規定，教區主教才能有限期的任命堂區主任」（台灣地區主教團秘書處，1992：239）。依照天主教法典以及教會牧養人靈的邏輯與精神，堂區主任神父應該是能夠長期耕耘為佳，但台灣的堂區神父調動頻繁，實則有違法典與牧靈精神；筆者訪問曾建次主教時，曾主教也指出，台灣的教會本地化不易完善，即由於本堂神父容易調任的不穩定性，神父可能好不容易與教友建立了關係、本地化工作正要起步，卻被教區調往其他堂區，而後續接任的神父也不一定會延續本地化工作，只能徒留遺憾。至於上述第三個問題，關乎神父本身是否對於台灣原住民教會的本地化工作具有足夠的意識和背景知識，但這對於在語言溝通上已經相當吃力的非本地神父而言，通常是較為困難的。

除了上述問題，原住民教會的本地化工作尚有一項需要處理的議題—本地化的定位。原住民教會在接受天主教信仰的過程，由於傳教的語言媒介和主流社會的意識形態，接觸到的是以中國文化為定位而本地化的教會，因此也可以說是某種程度的漢化，這樣的漢化無可避免，亦有本地神職人員將漢化視為原住民教會發展的一條途徑[14]；然而自梵二至今日，本地化的推動工作已逾半個世紀，台灣原住民族的族群意識業已高度發展，原住民教會的本地化工作是否能更加貼近原住民文化本位出發，而非從以漢人

[14] 詳請參閱〈建設台灣地方教會聲中不忘山地教會的成長〉（陳春光，1981：7-22）。

為本位的本地化中再次本地化，這或許是當前天主教會本地化工作面對新時代所必須思考和嘗試的方向。

二、未來議題

天主教在卡大地布部落發展至今，對於本地化的努力，在教會禮儀、族語翻譯、藝術等方面付出了心血，成果豐碩可觀，無疑是台灣原住民教會本地化成就的典範之一，同時天主教會也在生活物質、語言和文化的保存與復振、教育、女性地位等各個層面，對部落帶來了正面的影響。隨著台灣原住民族的族群發展，對於原住民族的議題探討，重點已轉向主體性和政治制度層面，而不再只是過去所關注的社會福利，也就是說，今日所關切的原住民族發展，必須深刻連結其人格、族群文化和政治參與等各面向，做全幅度的整體討論。

抱持著對於原住民族議題認知的態度，天主教會或許可以思考，教會能不能為解決原住民族當代的社會和人權問題增添動力？有沒有可能將解決或參與原住民族問題的工作加入宣教使命當中？誠如童春發（1997：13）所言：「為了要繼續向原住民傳福音，我們不僅要正視並關切原住民社會的公義、人權運動，也要耕耘原住民的文化園地，使道成肉身的宣教落實於今日的文化生態裡。」，天主教會亦必須思考，如何在文化當中學習，以達成福音與文化的雙向互動。此外，丁立偉（1997）亦提出，天主教會領導當局從未公開為受迫害或不受尊重的原住民團體辯護，相較之下，基督教有許多教會領導者公開且積極支持原住民議題，可見天主教仍偏向保守封閉，或基於政治立場而未能勇於為正義發言。天主教會的發展也需要重新省思，教會該如何再啟與文化的對話？如何進入族群文化脈絡當中，瞭解各民族在時代中真正的需求並作出回應？如此才有可能使人民對信仰產生認同，進而使信仰深化、穩定。

綜合上述，對於知本天主堂的現況，同時從部落、信仰和本地化的角度思考，天主教會若希望持續發展，則必須跳脫過去已有的本地化成果，瞭解天主教會本身應如何再次適應新時代，並重新進入「現下」的社會文化當中反思，意即思考如何在「現代的知本卑南族」所構成之自我認同核心中，使與教會漸行漸遠的族人重新認識、接受天主教，讓這具有普適性的信仰「降生」在現下的文化當中，並與文化相互結合、「生根」發展。教會本地化的目標是走向真正多元共融的地方教會，但也必須時刻謹記，本地化當隨著文化變動而不斷反省和調整，實為一條漫長且具挑戰的福傳之路。

第六章　結論

卡大地布部落是天主教在卑南族地區的第一個傳教據點，也是鄰近幾個卑南族部落中天主教信仰人數比例最高的堂區，本文探討自 1953 年至今，天主教在卡大地布部落的發展、適應和變遷，並將重點聚焦於知本天主堂在部落發展過程中的位置，及其與部落互動的過程，最後針對知本天主堂之現況反思，嘗試提出天主教在卡大地布部落未來發展的可能性。

一、本文各章主軸回顧

本研究第一章闡述研究目的、架構及文獻回顧等基礎背景，使讀者可有初步概貌之認識。第二章自卡大地布部落的歷史沿革談起，首先敘述卡大地布部落在卑南族整體當中之定位，接著由口傳神話描述部落的起源與建立，再發展至以三大家族為核心的親族結構，以及會所制度和現代婦女會、文化發展協會等社會組織。第二部分介紹卑南族傳統信仰及歲時祭儀，由其中可見卑南族的宇宙神靈觀和儀式執行者之角色，以及部落歲時祭儀的意義；此部分也述及歲時祭儀如何受台灣整體社會及環境變遷所影響而式微，又是如何被恢復。最後一個部分述說在不同政權背景及持續與外在社會接觸之下，外來宗教（基督宗教、漢人民間信仰）進入部落的過程，而現今族人的信仰呈現了多種宗教並行的綜攝現象。

第三章由天主教在台灣東部的開教史出發，說明白冷外方傳教會各階段的傳教工作。之後針對本文研究主題—知本天主堂—

自 1953 年以來之發展歷史，至今日堂區現況做了回顧與紀錄，並將重點置於天主堂的興盛時期和現況。天主堂因保存了部落的田野資料，加上重要領導人物曾建次主教的帶領，以及多位部落重要影響力人物皆為教友的關係，在 1993 年之後成為部落文化復振的起點，天主堂組織完善且極具影響力；在此時期，知本天主堂融入本地化色彩成為具原住民風格的教堂，部落文化發展協會成立，同時文化工作（如尋根活動、恢復傳統祭儀等）亦蓬勃進行。但是對照今日狀況，堂區已無善會組織，教友組成老化且出現斷層，天主堂活力與影響力不復以往，部分教友族人的信仰也出現了非單一的傾向。

第四章藉由本地化理論及天主教會的本地化工作方針，分析並理解知本天主堂的本地化情形。知本天主堂在語言、禮儀、教堂裝飾等方面，發展出獨具在地特色的風格和內容，教友族人的信仰生活也能夠與傳統歲時祭儀和生命儀禮相結合而沒有衝突，甚至本地化的禮儀也影響了部落非教友族人的傳統習俗。筆者分析，在知本天主堂的本地化工作當中，可以見到教友族人對於教會的熱情與使命感，更在本地化工作的共同實踐經驗中產生了凝聚力，以及對於信仰和自身文化的認同感，甚至融入了「以信仰帶動族群發展」的期望；這種文化與福音相互融合、彼此互益的情形，是本地化所追求的最高境界。然而，不同世代的教友族人，在信仰狀況上有相當大的落差。1960-1990 年代的教友熱切虔誠，積極投入教會事務並帶動部落發展，造就了天主堂的輝煌時期。1990 年代以後，天主堂因上一代教友的凋零、部落經濟型態改變、物質生活提升，以及部落事務重心的轉移等變遷因素，教友凝聚力大不如前，隨之天主教會在部落中的角色與位置也產生了轉變。

為探究天主堂與部落的互動過程，本研究第五章分析族人歸信天主教的因素，以及傳教初期族人如何接受天主教信仰。卡大地布教友族人歸信的主因在於天主教與卑南族的既有觀念能夠結合，使得族人原先的宇宙觀擴大，對於生命也有更深的瞭解和踏實感。天主教被族人廣為接受之後，直接影響了教會在部落的作用力。天主堂在 1990 年代中期以前，是部落族人的生活重心，然而在部落發展過程中，族人的生活重心逐漸轉向部落，對於族群文化的身份認同高於對信仰的身份認同，教堂日漸邊緣化，部落文化與天主教信仰出現了區隔，這樣的區隔也使族人之間信仰身份的分野更為顯著。而後，傳統社會組織的重建，使得同儕之間的影響力增強，也進一步影響了教友參與教堂事務的意願。再者，上一代教友雖多數接受天主教信仰，並發展出高度的本地化風格，但現代教友的信仰根基不穩固，信仰未在教友的心靈層面內化，教會在深化教友信仰的工作上亦有不足之處。上述多層次的因素交錯作用，使得天主堂教友參與人數日漸減少，天主教的發展也進入停滯，面鄰了新時代及新世代的傳教挑戰。

二、本研究之發現

（一）天主教會在卡大地布部落的發展

卡大地布部落族人歸信天主教的因素有六點：(1)天主教教義補充了卑南族傳統的宇宙觀，擴大族人的認知，(2)天主教與卑南族的倫理道德觀彼此相符，(3)神父的真誠與關懷感召了族人，(4)

受卑南族傳統社會階序觀念影響，rahan 和長老們具有領頭作用，(5)受天主教會帶來的新奇事物和世界觀吸引，(6)受外援物資吸引。筆者將以上(1)至(4)點歸類為內在因素，(5)、(6)點歸為外在因素。外在因素的性質偏向族人因好奇、興趣甚或現實需求，而與天主教接觸，但外在因素變動性較大，族人與信仰的連結較脆弱。內在因素關乎教友的心理想法、個人選擇，以及固有的意識和觀念，相較外在因素更具主動性和積極性。卡大地布部落第一代歸信天主教的教友，主要受內在因素影響較深，由自身出發的動能也使他們在變動中仍能維持對於信仰的堅定。

天主教在卡大地布部落的發展，筆者將之分為兩階段，以對應之後呈現的世代落差。1960-1990 年代中期是天主堂的輝煌年代，教友數量高達部落三分之二，教堂是族人生活的重心，特別是曾建次主教擔任本堂神父的期間，堂區活動豐富，也常有跨堂區聯合活動，堂區內部組織穩健，有傳教員、聖母軍在運作，以及駐堂修女協助傳教工作。至於本地化的部分，知本天主堂在此時期修繕成為原住民風格的教堂，教會也將部落歲時祭儀與天主教禮儀結合，例如舉辦小米收穫祭感恩彌撒、融合追思亡者的精神轉化 ma'atar 儀式，以及發展出教會與傳統文化互通的生命禮儀；族人在此過程中對於教會懷抱深切的熱忱及使命，並產生對教會和自身文化的歸屬感與認同感，本地化可謂達至巔峰。

1990 年代中期-2000 年代之後，教友族人凋零，善會組織解散，曾主教也因調任離開知本，教會榮景不再。此時，部落經濟型態的轉變改變了族人的生活，也關係到教友的生活時間分配，加以物質生活水準逐漸提升，降低了族人對於信仰追求的程度，而與教會漸行漸遠。目前知本天主堂的教友組成偏向高齡化，現今的中壯年教友不如過去的教友熱衷教會，青年也出現斷層，教友家庭在部落中雖仍為多數，但後代教友鮮少參與堂區事務，或是成為「節日教友」，部分族人放棄天主教信仰，轉宗至其他信仰，抑或保持天主教信仰，但在生活中同時尋求其他宗教途徑，形成宗教綜攝的現象。

（二）知本天主堂與卡大地布部落互動的變遷

小米收穫祭場地自天主堂轉移、部落文化事務的職掌轉換，以及部落核心幹部成員的遞嬗，使族人的生活重心轉向部落，天主堂在此流變中失去中心地位。部落文化園區成為祭儀的主要場地後，傳統社會組織和祭儀的重建愈臻完善，隨之族人的族群文化主體性日益清晰，共同參與部落事務的經驗也帶動及提升了族人對於「卡大地布卑南族人」的身份認同和族群意識，並將之視為最重要的自身價值追尋。

相較於上一代教友族人的身份認同繫於信仰認同上，現代教友傾向將「部落文化」與「天主教信仰」分離，部落與教堂之間產生了區隔性，同時也出現了競合關係，例如族人參與部落事務的活躍程度遠高於教堂事務，以及部落文化成長班的發展對照教堂夏令營的式微等。族人在面對兩方事務的態度也有明顯不同，部落事務對族人來說是重要的「義務」，而教堂事務則是自己視狀況所給予的「協助」，部落事務在族人心中佔有優先地位。目前部落與天主堂的關係維持在互相尊重、彼此協調的和諧狀態，但可明顯觀察到部落持續穩定發展，教會日漸衰微停滯，部落在資源、人員和動員等各方面的力量也遠遠超越天主堂。

（三）知本天主堂的現況反思與未來議題

天主教在卡大地布部落走過一甲子，知本天主堂與部落互動的變遷，反映出不同時代和世代之間接受天主教信仰的程度差異。由知本天主堂所面臨的現況可發現，部落本身具有高度的能動性，隨著時代和環境而表現出不同的樣貌和特性，教會若要發展則勢必得對部落的主體性有所認知，並且必須跳脫過去的本地化成果，以積極的態度再次適應新時代，重新進入現下的社會文化當中，反思如何使信仰能夠真正與當今的文化相互結合、雙向發展。要言之，信仰的傳播並非由宗教單一方向的將概念傾注於一地人民，而是雙向交流的結果，因此，看見在地的主體性和需求，並與之互動、互通，才是能使一地人民的信仰深刻內化、常存於心之關鍵。

從知本天主堂再放眼台灣天主教會，許多地方教會也存有發展停滯、世代斷層等問題，且實為台灣天主教會甚至世界各地天主教會整體所面臨的情況。根據瞿海源（1997）、郭文般（1984）、姚麗香（1984）、Richard Medson（2012）等人對於台灣天主教會成長與衰退之研究，天主教會在 1950 至 1960 年代大幅成長，然而在 1960 年代中後期便成長趨緩，之後更是急劇下降。研究指出造成台灣天主教信仰人口停滯與流失的主因，其一來自社會整體經濟發展及都市化所造成的物質主義與消費主義盛行，或是經濟發展後生活平穩，對於外援物資的依賴性降低，而使民眾遠離宗教；其二緣於各時期政權與台灣天主教會的政治關係，緊繫天主教會內部的傳教策略，終而影響了教會的整體發展。至於教會高齡化、青年流失的問題，以筆者實際參與教會活動及走訪各地教堂之經驗，與不同地區教友、教會機構工作者以及神職人員交流，不乏聽見各教區、堂區的衰退情形，亦常在參與教會跨國活動的教友分享中聽聞如美國、韓國、法國等世界各地信仰人口流失之景況，近年來天主教教宗也不斷就此議題向教徒提出檢討與呼籲，以期改善天主教會所面臨的困境。

上述現況雖為天主教會整體之問題，但其成因實則可能關係著各地的社會習慣、文化風俗而不盡相同，例如在卡大地布部落，同儕力量、身份認同等因素便影響了教友對於信仰的投入程度；筆者認為，此議題實有必要擴及其他卑南族部落的天主教狀況，以顯示各部落之差異，然而受限於時間及篇幅限制，僅能就知本天主堂之狀況提供觀察紀錄及省思。筆者依然期待本文所撰知本天主堂的經驗，能夠為各地教會在當今傳教工作上，提供一些可以思考的方向。

三、相關研究題材

本研究進行過程中，筆者認為有幾個值得後續研究者深入探討的議題，在此提供些許淺薄建議：

（一）卡大地布族人的轉宗和綜攝現象

筆者田野期間觀察到，今日卡大地布部落青年相當熱衷廟會活動，甚至教友家庭的孩子也會參加，一位教友家庭的青年還組成了轎班團體，和部落青年會的同儕一起參加廟會扛轎，或是到外地參與進香活動。扛轎甚至是 2016 年小米收穫祭晚會時，青年會表演當中的一個橋段。青年熱衷廟會活動的情形是否屬於轉宗或綜攝，抑或如青年所說單純是一種想要了解不同宗教的「文化交流」方式？此外，筆者田野調查時，曾訪問到族人放棄天主教信仰而回到卑南族傳統信仰或轉宗藏傳佛教的經驗，也常聽聞綜攝的案例，各種類型的狀況都值得日後的研究者再做深入研究分析。

（二）卑南族與天主教研究

目前針對卑南族的天主教研究，相較其他台灣原住民族可說稀少，即便有所討論也多半是將天主教置於部落宗教變遷的一環，未有單一聚焦天主教的探討。天主教在卑南族分布的十個部落當中，存在著非常不同的差異，也不斷地在變遷，例如建和部落曾經有天主教堂，但在數十年前已完全消失；筆者在田野期間造訪南王天主堂，其堂區教友活力似乎相較知本天主堂豐沛等，若能將每個部落的情形紀錄、研究，則可比較天主教在同族群內部的不同發展，而天主教在卑南族各個部落的探討，或許也能夠成為理解卑南族各部落差異性的一種途徑。

參考文獻

一、工具書

台灣地區主教團秘書處

1992 《天主教法典—拉丁文中文版》，台北：天主教教務協進會出版社。

思高聖經學會譯釋

2000 《聖經》， 台北：思高聖經學會出版社。

輔仁神學著作編譯會 編

1998 《神學辭典》，台北：光啟。

二、專書

George R. Saunders

1988 *Culture and Christianity： the dialects of transformation.* USA： Green Wood Press

Nicolas Standaert S. J. （鐘鳴旦）著，陳寬薇譯

1993[1990] 《本地化：談福音與文化》 *Inculturatie Evangelie en Cultuur* ，台北：光啟。

丁立偉、詹嫦慧、孫大川 合著

2004 《活力教會—天主教在台灣原住民世界的過去現在未來》，台北：光啟。

山道明、安東 原著，陳文德 主編

2009 《知本卑南族的出草儀式：一個文獻》，台北：中研院民族所。

台北利氏學社

2002 《臺灣原住民族傳統信仰與基督宗教的相遇：本土實踐經驗研討會論文集》，台北：台北利氏學社。

台灣地區主教團秘書處 編譯
2016 《梵蒂岡第二屆大公會議文獻》，台北：天主教教務協進會。
台灣基督長老教會總會歷史委員會 編
2000[1965] 《台灣基督長老教會百年史》，台南：新樓書房。
古偉瀛
2008 《臺灣天主教史研究論集》，台北：國立臺灣大學出版中心。
江傳德 編
2008 《天主教在台灣》，台南：聞道。
佐山融吉、小島由道 原著，中央研究院民族學研究所編譯
2005[1913] 《蕃族調查報告書 第八冊，排灣族 賽夏族》，台北：中研院民族所。
宋龍生
1998 《臺灣原住民史 卑南族史篇》，南投：省文獻會。
河野喜六 原著，中央研究院民族學研究所編譯
2000[1915] 《番族慣習調查報告書 第二卷，阿美族 卑南族》，台北：中研院民族所。
林志興、巴代 主編
2014 《卑南學資料彙編 第一輯》，台北：山海文化雜誌、原住民族文發會。
林金德 編著
2016 《心知地名：Katratripulr 卡大地布部落文史紀錄》，台東：東縣原住民主體文化發展協會。
知本天主堂 編
2006 《天主教花蓮教區聖母無原罪知本堂區 50 週年慶》，台東：卡地布文化發展協會。
香港聖母軍 譯
1988 《聖母軍手冊》，台北：天主教方濟會佳播。
席南・嘉斐弄
2009 《達悟族宗教變遷與民族發展》，台北：南天。
移川子之藏、宮本延人、馬淵東一 原著，楊南郡 譯著
2011[1935] 《臺灣原住民族系統所屬之研究》，台北：原民會、南天。

陳文德
2001《臺東縣史・卑南族篇》，台東：東縣府。
2010《卑南族》，台北：三民。
曾建次 編譯
1998《祖靈的腳步：卑南族石生支系口傳史料》，台中：晨星。
黃連生 編
1995《白冷會在中國傳教史料》，台東：台東天主教教義中心。
費聲遠 著　董增順 譯
1980《回憶錄》，花蓮：華光書局。
趙麗珠 編
2003《50 Jahre Bethlehem Mission in Taiwan 1953-2003 天主教白冷外方傳教會來台傳教五十週年紀念專輯》，台東：天主教白冷外方傳教會（自行出版）。
趙川明、姜國章 撰
2013《後山傳愛：白冷會臺東 60 年的影像故事》，台東：台東生活美學館。
瞿海源
1997《台灣宗教變遷的社會政治分析》，台北：桂冠出版社。
簡鴻模
2002《祖靈與天主—眉溪天主堂傳教史初探》，台北：輔大。
2004《當達悟遇上基督》，台北：輔仁大學出版。
賴效忠
2010《附魔與驅魔》，台南：聞道。
蘇畢娜・那凱蘇蘭 主編
2016《台灣基督長老教會原住民宣教史 修訂本》，台北：使徒。

三、會議論文、期刊

Richard Madsen
2012〈台灣天主教會的成長與衰退：以瑪利諾會的兩個傳教區為例〉，《台灣學誌》第 6 期，頁 53-76。

丁邦新

1978〈古卑南語的擬測〉，《中央研究院歷史語言研究所集刊》49 本 3 分，頁 321-392。

丁立偉

1997〈台灣原住民族的社會問題（上）：天主教觀點研究〉《神學論集》第 111 期，頁 87-100。

1997〈台灣原住民族的社會問題（下）：天主教觀點研究〉《神學論集》第 112 期，頁 265-276。

池漢鑾

1993〈基督教與台灣原住民文化〉，《玉山神學院學報》第 2 期，頁 1-23。

李台元

2013〈台灣原住民族文字的發展〉，《原住民族文化傳播學刊》第 4 期，頁 28-53。

林志興

2014〈南王天主堂：心靈繫所、文化新鄉〉，《原住民族文獻》第 18 期，頁 24-27。

林頌恩

2004〈卡地布青年會部落教育的理念與實踐〉《東台灣研究》第 9 期，頁 143-180

浦英雄

2002〈鄒族傳統信仰的變遷與天主教禮儀本地化：以鄒族亡者殯葬儀式為例〉《第一屆台灣原住民傳統信仰與基督宗教的相遇：本土實踐經驗研討會論文集》，頁 1-13

陳文德

1999〈胆曼阿美族的宗教變遷：以接受天主教為例〉，《中央研究院民族學研究所集刊》第 88 期，頁 35-61

2008〈文化復振？文化創造？以卡地布（知本）卑南人為例〉文化創造與社會實踐研討會

2009〈親屬到底是什麼？一個卑南族聚落的例子〉，《中央研究院民族學研究所集刊》第 87 期

2011〈人群互動與族群的構成：卑南族 karuma(H)an 研究的意義〉《施添福教授榮退論文集》 中央研究院臺灣史研究所

2015 〈族群、部落與家：「卑南族」Pinuyumayan 的例子〉，發表於「跨•文化學術研討會」 中央研究院民族學研究所主辦，9 月 17 日～19 日 臺北，南港
陳春光
1981 〈建設台灣地方教會聲中不忘山地教會的成長〉《建設中國地方教會第二屆有獎徵文專輯》天主教中國主教團傳教委員會，頁 7-21
黃宣衛
1999 〈一個海岸阿美族村落的時間、歷史與記憶：以年齡階級與異族觀為中心的探討〉《時間、歷史與記憶學術研討會》中央研究院民族學研究所
郭文般
1990 〈臺灣天主教的本地化〉《社會科學理論與本土化學術研討會論文集》，頁 171-220
張駿逸、劉少君
2014 〈蓮花台上的耶穌—茨中藏族天主教信仰的本土化〉《民族學界》第 34 期，頁 133-156
葉淑綾
2014 〈天主教在阿美族烏石鼻部落的發展情形〉《南島研究學報》5 卷：1 期，頁 1-30
鄭仲烜
2010 〈傳教會與區域發展—以臺東白冷會為例〉《東台灣研究》第 14 期，頁 53-88

四、學位論文

石婉筠
2009 〈傳統不變？—卑南族卡地布部落女性社會、經濟與公領域地位的轉變〉，世新大學社會發展研究所碩士論文。
李盂融
2005〈阿美族皈依天主教及其適應之研究—以太巴塱部落為例〉，國立政治大學民族學系碩士論文。
林奕帆
2014 〈台東區域的荖葉及荖花空間分布與產銷〉，國立高雄

師範大學地理學系碩士論文。
姚麗香
1984 〈台灣地區光復後宗教變遷之探討〉，國立台灣大學社會學研究所碩士論文。
郭文般
1984 〈台灣光復後基督宗教在山地社會的發展〉，國立台灣大學社會學研究所碩士論文。
廖曉菁
2006 〈祖先、家與天主教：以鹿野鄉阿美族和平部落為例〉，國立台東大學南島文化研究所碩士論文。
鄭丞志
2006 〈一個部落失落至重現過程之研究：以知本 Katatipul 部落經驗為例〉，樹德科技大學建築與古蹟維護系碩士班碩士論文。
羅小婷
2008 〈卑南族之本天主堂建築之裝飾圖像詮釋〉，國立東華大學民族藝術研究所碩士論文。
羅永清
2000 〈天神與基督之間的抉擇—阿里山來吉村鄒人皈依基督宗教因素之探討〉，國立台灣大學人類學研究所碩士論文。

五、其他

《知本天主堂天主教卑南族歌本》（自行編印，未出版）
顧超光 主持
2013 《臺東縣歷史建築知本天主堂調查研究及修復計畫》後續擴充期末報告書。
天主教台北總教區教理推廣中心 http：//www.zhuyesu.org/
天主教新竹教區網站 https：
//www.hcd.org.tw/index.php/2013-12-16-09-09-02/2013-10-24-08-27-58/86-2014-05-12-01-34-37
天主教輔仁聖博敏神學院禮儀研究中心 http：
//theology.catholic.org.tw/public/liyi/
文化部臺灣社區通網站 http：//sixstar.moc.gov.tw/
台東市行政區域圖 由 Liaon98 - 自己的作品, CC BY-SA 3.0 tw,

https：//commons.
wikimedia.org/w/index.php?curid=36039793
台灣大百科全書 http：//nrch.culture.tw/
台灣白冷會網站 http：//www.smb.tw/
台灣基督長老教會總會網站 http：//www.pct.org.tw/
原舞者網站 http：//fasdt.yam.org.tw/refer/upgrade.html
真耶穌教會台灣總會網站 http：//www.tjc.org.tw/
財團法人真耶穌教會台灣總會教牧處網頁 http：//edu.tjc.org.tw/
國家圖書館台灣鄉土書目資料庫
http：//localdoc.ncl.edu.tw/tmld/index.jsp
google 地圖 https：
//www.google.com.tw/maps/@22.7080933,121.0469164,15z/data
=!4m2!6m1!1s1ErRTwCKn1Oq6Q1uQ1fqIBLjp8jt3lTkq?hl=zh-TW

附錄 知本天主堂與卡大地布部落大事記要（1945-2017）

<table>
<tr><th>時間</th><th>天主堂重要事件</th><th>部落重要事件</th></tr>
<tr><td>1945</td><td></td><td>族人陳實擔任知本公學校校長。</td></tr>
<tr><td>1947</td><td></td><td>知本代天府建廟。</td></tr>
<tr><td>1950</td><td></td><td>知本公學校遷移至現址（知本國小）並改稱「台東廳立知本國民學校」。</td></tr>
<tr><td>1952</td><td>（天主教花蓮監牧區成立。）</td><td>都蘭阿美族人移居知本，真耶穌教傳入。</td></tr>
<tr><td>1953</td><td colspan="2">白冷會士錫質平神父和石多福神父率先來到知本傳教，當時協助的傳教員是來自西部的林文筆先生。數月後，第一批知本教友領洗。
基督長老教會正式在知本佈道。</td></tr>
<tr><td>1954</td><td>龔岱恩神父於知本傳教，租屋設立傳道所。
錫神父買下鄰近族人祭祖聖地的空地以興建教堂。</td><td>知本農會成立。
知本農會現址之鋼筋水泥建物原為日治時期日人要求 Mavaliw 及 Pakaruku 家族之成人會所合併以集中管理所建；此時期水泥建物轉讓給農會使用，族人於農會旁另建小型會所作為訓練之用。
真耶穌教會於知本村正式成立。</td></tr>
<tr><td rowspan="2">1955</td><td>龔岱恩神父接任第一任本堂神父，進駐知本村；知本第一位當地傳教員朱培德先生協助傳教。
2 月 2 日，第一座天主教堂（瓦房）落成。</td><td></td></tr>
<tr><td colspan="2">5 月 28 日，錫神父購入族人的祭祖聖地，部落三大家族 rahan 吩咐族人拆除原先各家族 karuma'an，以建造更大的教堂。</td></tr>
<tr><td>1956</td><td>9 月 5 日，費道宏神父創立「天真幼稚園」，成為知本</td><td></td></tr>
</table>

<table>
<tr><th>時間</th><th>天主堂重要事件</th><th>部落重要事件</th></tr>
<tr><td></td><td>地區第一所幼稚園。
12 月 8 日，聖母無原罪瞻禮，新教堂（鋼筋水泥）落成，由花蓮監牧區費聲遠主教祝聖啟用。
12 月 16 日，費道宏神父接任本堂神父，並建立建和、華源、溫泉傳道所。</td><td></td></tr>
<tr><td>1957</td><td>12 月 8 日，華源天主堂落成啟用。</td><td>會所因體罰問題，遭外省籍警員干涉，禁止再聚眾集會。</td></tr>
<tr><td>1958</td><td>2 月 2 日，建和天主堂落成啟用。</td><td>長老教會知本教會正式成立。</td></tr>
<tr><td>1959</td><td>秋季，蘇德豐神父接任副本堂神父。</td><td>農會旁的小型會所不再使用，會所建物全數由農會購買或佔有，會所消失。</td></tr>
<tr><td>1960</td><td></td><td>知本部落族人在 Revuavua’an 設立「山地人祖先紀念碑」。</td></tr>
<tr><td rowspan="2">1962</td><td>（天主教梵二大公會議開始。）
蘇德豐神父接任本堂神父。
10 月 18 日，溫泉天主堂落成啟用。</td><td></td></tr>
<tr><td colspan="2">7 月 16 日，「知本天主堂公教青年館」落成，做為部落 palakuwan。</td></tr>
<tr><td>1963</td><td>費道宏神父回任本堂神父。</td><td></td></tr>
<tr><td>1964</td><td>山道明神父赴知本，與費神父一同進行田野調查，採訪部落口傳歷史。</td><td></td></tr>
<tr><td rowspan="2">1965</td><td>（天主教梵二大公會議結束。）</td><td></td></tr>
<tr><td colspan="2">山道明神父再次拜訪知本。</td></tr>
<tr><td>1967</td><td colspan="2">山道明神父再次拜訪知本。</td></tr>
<tr><td>1968</td><td>（天主教會于斌樞機主教提議恢復祭天敬祖典禮。）
8 月 13 日，本堂女青年吳富</td><td>知本國民中學創校。</td></tr>
</table>

<table>
<tr><th>時間</th><th>天主堂重要事件</th><th>部落重要事件</th></tr>
<tr><td rowspan="2"></td><td>妹修女在馬蘭天主堂宣發初願。</td><td></td></tr>
<tr><td colspan="2">「知本天主堂公教青年館」因訓練鬆散，且適逢青年服兵役潮而解散。</td></tr>
<tr><td>1970</td><td colspan="2">部落小米收穫祭於祖靈屋進行，傳統舞活動於天主堂廣場進行。</td></tr>
<tr><td>1971</td><td colspan="2">部落小米收穫祭於祖靈屋進行，傳統舞活動於天主堂廣場進行。</td></tr>
<tr><td>1972</td><td>（天主教會在台北主教座堂舉行敬天祭祖儀式）
3 月 21 日，本堂青年曾建次、洪源成執事晉鐸，曾建次神父任副本堂神父。</td><td>部落小米收穫祭於祖靈屋進行，傳統舞活動地點改至知本社區活動中心（1976 年更名為建業社區活動中心）舉辦。</td></tr>
<tr><td>1973</td><td>溫泉天主堂因颱風遭山洪沖毀。</td><td>部落小米收穫祭於祖靈屋進行，傳統舞活動於知本社區活動中心舉辦。</td></tr>
<tr><td>1974</td><td>夏季，艾格里神父接任本堂神父。
10 月，曾建次神父調任台東鎮青年中心主任職。</td><td>知本村劃歸台東鎮，改為知本里。
部落小米收穫祭於祖靈屋進行，傳統舞活動於知本社區活動中心舉辦。</td></tr>
<tr><td>1975</td><td colspan="2">幾位部落青年因天主教會之機緣，受邀到其他部落參加年祭，深感震撼，決心回到部落籌劃恢復傳統祭典。
部落小米收穫祭於祖靈屋進行，傳統舞活動於天主堂廣場進行。</td></tr>
<tr><td rowspan="2">1976</td><td></td><td>臺東鎮改制為臺東市，知本里劃分為知本里及建業里。
部落青年嘗試舉辦小米收穫祭。</td></tr>
<tr><td colspan="2">部落小米收穫祭於祖靈屋進行，傳統舞活動於天主堂廣場進行。</td></tr>
<tr><td rowspan="2">1977</td><td>12 月，曾建次神父再度接任本堂神父。</td><td></td></tr>
<tr><td colspan="2">部落小米收穫祭於祖靈屋進行，傳統舞活動於天主堂廣場進行。</td></tr>
</table>

時間	天主堂重要事件	部落重要事件
1978	部落小米收穫祭於祖靈屋進行，傳統舞活動於天主堂廣場進行，talingelr 開始移至建業里活動中心豎立，此情形維持至 1992 年。	
1979	教堂重置結構工程，於 11 月 14 日完工。 瑪爾大修女會派任修女進駐知本天主堂。	
	部落小米收穫祭於祖靈屋進行，傳統舞活動於天主堂廣場進行。	
1980	曾神父親赴德國拷貝費道宏神父與山道明神父所留下之田野資料。	
	部落小米收穫祭於祖靈屋進行，傳統舞活動於天主堂廣場進行。	
1981	部落小米收穫祭於祖靈屋進行，傳統舞活動於天主堂廣場進行。	
1982	部落小米收穫祭於祖靈屋進行，傳統舞活動於天主堂廣場進行。	
1983	曾神父第二次親赴德國拷貝費道宏神父與山道明神父所留下之田野資料。	
	部落小米收穫祭於祖靈屋進行，傳統舞活動於天主堂廣場進行。	
1984	林德昌會長任內，盧華昌設計建造聖母亭，12 月 8 日落成。	
	部落小米收穫祭於祖靈屋進行，傳統舞活動於天主堂廣場進行。	
1985	1 月 19 日，天真幼稚園立案，更名為「道宏幼稚園」。 秋季，曾神父回任本堂神父。	
	部落小米收穫祭於祖靈屋進行，傳統舞活動於天主堂廣場進行。	
1986-1990	1988 年 5 月 18 日，費道宏神父辭世。	

<table>
<tr><th>時間</th><th>天主堂重要事件</th><th>部落重要事件</th></tr>
<tr><td></td><td colspan="2">部落小米收穫祭於祖靈屋進行，傳統舞活動於天主堂廣場進行。</td></tr>
<tr><td rowspan="2">1991</td><td>石朝秋神父接任副本堂神父。</td><td>知本部落主辦第三屆卑南族聯合年祭。</td></tr>
<tr><td colspan="2">部落小米收穫祭於祖靈屋進行，傳統舞活動於天主堂廣場進行。</td></tr>
<tr><td rowspan="2">1992</td><td>5 月 18 日，費道宏神父紀念碑落成。</td><td>知本部落受邀至國家戲劇院展演，回到部落開始重組青年會，並尋訪老人家，整合傳統祭儀之經驗與文獻紀錄，嘗試進行恢復。</td></tr>
<tr><td colspan="2">部落小米收穫祭於祖靈屋進行，傳統舞活動於天主堂廣場進行。</td></tr>
<tr><td>1993</td><td colspan="2">本堂教友與族人近百位，首次重返舊部落遺址 Tusariyariyang，並在山凹處設立聖母像，供入山者祈禱。
小米收穫祭場地由天主堂遷移至知本國小舊址（即今日部落文化園區），並於該地重建 palakuwan。
曾建次神父於《山海文化雙月刊》發表〈卑南族知本部落口傳歷史及神話故事〉（上、下）
恢復除喪祭。</td></tr>
<tr><td>1994</td><td></td><td>確立小米收穫祭固定流程。</td></tr>
<tr><td>1995</td><td colspan="2">5 月 5 日，曾神父協助成立「知本原住民發展委員會」。
6 月，曾神父帶領族人重返舊部落 Kazekalran。
族人爭取今日部落文化園區用地。
年末，在曾神父推動下，恢復少年猴祭。</td></tr>
<tr><td rowspan="2">1996</td><td>5 月，洪源成神父接任本堂神父。</td><td>部落代表北上爭取部落文化園區用地。
恢復會所晉級儀式與婦女幫團活動。</td></tr>
<tr><td colspan="2">曾神父帶領族人重返舊遺址 Kanalilraw。
年末，在曾神父推動下，重新舉辦大獵祭。</td></tr>
<tr><td>1997</td><td>知本天主堂成為原民風格教堂。</td><td>青年會遷移至今日文化園區內。</td></tr>
</table>

<table>
<tr><th>時間</th><th>天主堂重要事件</th><th>部落重要事件</th></tr>
<tr><td rowspan="2">1998</td><td>（8 月 29 日，曾建次神父祝聖為花蓮教區輔理主教。同年，曾主教受推選為台灣主教團原住民委員會主任委員。）</td><td>知本部落聯合建和部落，重返舊部落 Revuavua'an 祭告祖先，並立下紀念碑。
恢復祈雨祭。
於知本國小舊址（今日部落文化園區）拆除竹屋式 palakuwan，興建「卡地布多功能活動中心」。</td></tr>
<tr><td colspan="2">曾主教所編譯之《祖靈的腳步—卑南族石生系口傳史》出版。
10 月 10 日，「卡地布文化發展協會」成立，曾主教為第一屆理事長。</td></tr>
<tr><td>1999</td><td>（天主教台灣區主教團原住民牧靈委員會舉行第一屆全國原住民牧靈大會。）
3 月 29 日，本堂青年陳春安執事晉鐸，並接任副本堂神父。</td><td>部落執行社區總體營造推動計畫，並提出「美化公共環境種子計畫」、「卡地布原味文化產業再造計畫」及「台東市知本中街發展原味生活藝術街坊計畫」規劃案。</td></tr>
<tr><td rowspan="2">2000</td><td>洪源成神父回任本堂神父。</td><td>知本部落舉辦「跨越 2000 年卑南族聯合年祭暨文化節」。
首次舉辦部落文化成長班。
發行卡地布部落月刊，2002 年停刊。
成立卡地布部落網站—「卡地布巴拉冠風雲網」。
「卡地布多功能活動中心」落成。</td></tr>
<tr><td colspan="2">曾主教帶領族人重回舊部落遺址 Silrivan，並立下紀念碑。</td></tr>
<tr><td>2001</td><td>（天主教台灣區主教團原住民牧靈委員會舉行第二屆全國原住民牧靈大會。）
5 月，陳春安神父接任本堂神父。</td><td>族人前往口傳故事中「風箏石」典故之遺址處尋根探源。
知本部落與新香蘭排灣族 Lalauran 部落結盟成為兄弟部落。
族人於今部落文化園區重建三大家系祖靈屋，8 月下旬舉行祖靈屋落成及 rahan 就任儀式。</td></tr>
</table>

時間	天主堂重要事件	部落重要事件
		卡地布文化發展協會推動「文化產業振興與發展計畫」、「祖靈屋、傳統婦女幫團等文化產業振興計畫」。
2002	（天主教輔仁大學成立台灣原住民神學研究中心） 11 月 3 日，段泰平神父（越南籍）接任本堂神父。	高明宗 rahan 帶領族人重回舊遺址 Rumingan。 重建部落少年會所。 卡地布文化發展協會推動「卡地布文化休憩產業開發計畫」。 卡地布部落列為 91 年度社區營造台東區之陪伴社區。 卡地布文化發展協會設立「卡地布部落資訊網」。 社區林業一自然生態活化計畫，進行部落地圖傳統領域調查。
2003	（8 月，天主教台灣原住民社會文化發展協會成立，曾建次主教擔任理事長，鄒族浦英雄神父擔任秘書長。 12 月，天主教台灣區主教團原住民牧靈委員會舉行第三屆全國原住民牧靈大會。）	部落文化園區用地擴增，重建成人會所。 pulingau 搭建個人祖靈屋於部落文化園區內。 卡地布部落列為 92 年度社區營造台東區之陪伴社區。 卡地布文化發展協會推動「小米生活文化發展與分享計畫」。
2004		文化成長班未舉辦。
2005		恢復舉辦文化成長班。 「卡地布部落教育暨文物展示館」落成。 辦理「原住民部落永續發展計畫—94 年度重點部落計畫」。 出版「卑南族卡地布（知本）部落文史：歲時祭儀篇」、「部落古老吟唱歌謠」CD 專輯。
2006	知本天主堂 50 週年堂慶。	族人於今部落文化園區再次

時間	天主堂重要事件	部落重要事件
		重建祖靈屋。 辦理「原住民部落永續發展計畫—95 年度重點部落計畫」。
2007		7 月小米收穫祭啟用第二次重建之祖靈屋，同時舉行 Mavaliw 家族新任 rahan 就任儀式。 辦理「原住民部落永續發展計畫—96 年度重點部落計畫」。
2008	（天主教台灣區主教團原住民牧靈委員會舉行第五屆台灣原住民牧靈大會。）	
2009		執行「台東縣卡地布部落發展觀光休閒文化特色產業計畫」
2010	（天主教台灣區主教團原住民牧靈委員會舉行第六屆台灣原住民牧靈大會。）	少年會所遷建與巴拉冠重建同時落成。 台東市公所無預警公告台東市第六、第十公墓遷葬案，強制要求部落將祖骸遷至台東市立殯儀館。
2011	11 月 4 日，關芝勇神父（瑞士籍）接任本堂神父。	3 月，三大家族 rahan 帶領族人前往台東市公所抗議，表達拒絕遷葬。 6 月，族人向台東市公所提起行政訴願，要求撤銷遷葬案。第十公墓馬蘭部落阿美族人加入抗議行列。 11 月，部落 pulingau 至第六公墓祭祀，詢問祖靈意願。
2012	（天主教台灣區主教團原住民牧靈委員會舉行第七屆台灣原住民牧靈大會。）	3 月，族人於第六公墓就地搭起瞭望台,宣示捍衛祖靈、拒絕遷葬之決心。 7 月，部落小米收穫祭以部落主體再次宣示捍衛祖靈、拒絕遷葬。 9 月 8 日，族人於南島文化節

時間	天主堂重要事件	部落重要事件
		開幕式抗議。之後再度於第六公墓搭起瞭望台，日夜守護祖靈地。 9月21日，上街抗爭。 9月27日，青年會與長老團聯合加路蘭族人共同遞交陳情書予中央監察委員。 10月2日，卡地布青年會與長老團前往台東縣議會遞交陳情書。 10月12日，第二次上街抗爭。
2013	部落及天主堂於第六公墓舉行追思已亡彌撒暨卡地布部落宣示傳統領域及插旗儀式。	
2014	兒童夏令營未舉辦。	3月，部落與市公所、原民會、國有財產局達成協議，將第六公墓改建為追思文化園區。 知本以馬內利教會成立。
2015		3月14日，族人重返舊遺址 Rumingan 尋根。 4月26日，族人於傳統領域 Kanaluvan 宣示主權。 族人著手進行傳統地名與文化生態踏查。 11月29日，部落男子中壯年團 musavasavak 成立大會。
2016	兒童夏令營未舉辦。	辦理「卡大地布部落舊址探查及文化生態調查計畫」及「大知本傳統地名行動計畫」。 7月初，尼伯特颱風重創部落。 經部落會議決議，恢復除喪祭於每年1月1日舉行。 7月23日，卡大地布追思文化園區動土儀式。 台東縣政府預計於部落傳統

時間	天主堂重要事件	部落重要事件
		領域動土興建棒壘球場及置放垃圾焚化底渣。 11月25，垃圾焚化底渣取消置放知本。 12月2日，部落文史專書《心知地名：卡大地布文史紀錄》新書發表。
2017	（天主教台灣區主教團原住民牧靈委員會舉行第九屆台灣原住民族牧靈大會。）	台東縣政府計畫於知本濕地設置專區，做為太陽能基地。 3月23棒壘球場確定停建。 3月25日，部落於Revuavua'an祭祖，封閉南迴台九線，自主宣告傳統領域，宣誓捍衛之決心。 7月1日，族人前往舊部落Kazekalran尋根祭祖，並立紀念碑。 7月10日，Pakaruku家族rahan高明宗先生辭世。 部落小米收穫祭延期。 舉辦「pulingaw祭儀文化認識營」、「pulingaw祭儀文化母語教學營」。 部落青年辦理文化部青年村落文化行動計畫—「我們的故事會說‧畫—卡大地布部落繪本有聲書計畫」。

資料來源：陳映君田野資料（2016-2017）、曾建次（1998）、知本天主堂編（2006）、山道明與安東（2009）、陳文德（2008）、林頌恩（2004）、鄭丞志（2006）。大事記收錄之事件以與本文討論內容最為相關者為主。

東台灣叢刊 之十六

天主教在卡大地布部落的發展、適應與變遷

作　　者：陳映君
主　　編：陳文德
編輯委員：方鈞瑋、陳鴻圖、陳俊斌、鄭漢文、潘繼道、戴興盛、羅素玫
執行編輯：林慧珍、李美貞
封面設計：薛映玫

出　　版　東台灣研究會
臺東市豐榮路 259 號　Tel：（089）347-660
Fax：（089）356-493
網　　址　http：//www.etsa-ac.org.tw/
E-mail　easterntw3@gmail.com
劃撥帳號　0 6 6 7 3 1 4 9
戶　　名　財團法人東台灣研究會文化藝術基金會

代 售 處　三民書局股份有限公司
臺北市重慶南路一段 61 號　Tel：02-23617511
台灣ㄟ店
臺北市新生南路三段 76 巷 6 號　Tel:02-23625799
南天書局
臺北市羅斯福路三段 283 巷 14 弄 14 號　Tel:02-23620190
春暉出版社
高雄市苓雅區正義路 3 巷 8 號　Tel：07-7613385
麗文文化事業
高雄市苓雅區五福一路 57 號 2 樓之 2　Tel：07-3324910

出版日期　中華民國一〇九年十月
定　　價　200 元

本會出版品 一覽表

東台灣叢刊之一	國內有關台灣東部研究之學位論文書目 夏黎明等編 1994. 3.初版 1996.10.再版 頁數 204	（缺書）
東台灣叢刊之二	東台灣研究之中文期刊文獻索引 夏黎明等編 1994. 9.初版 1996.10.再版 頁數 215	（缺書）
東台灣叢刊之三	台東平原的移民拓墾與聚落 鄭全玄著 1995.10.初版 2002. 7.再版 頁數 157	
東台灣叢刊之四	東台灣原住民民族生態學論文集 劉炯錫編著 2000. 6. 頁數 150	
東台灣叢刊之五	綠島的區位與人文生態的變遷 李玉芬著 2002. 2. 頁數 198	
東台灣叢刊之六	戰後東台灣研究的回顧與展望工作實錄 夏黎明主編 2005. 1. 頁數 180	
東台灣叢刊之七	邊陲社會及其主體性論文集 夏黎明主編 2005. 3. 頁數 292	
東台灣叢刊之八	國家、區域與族群— 臺灣後山奇萊地區原住民族群的歷史變遷（1874-1945） 潘繼道 著 2008. 2. 頁數 430	（缺書）
東台灣叢刊之九	花蓮糖廠：百年來的花蓮糖業發展史（1899-2002） 鍾書豪 著 2009. 6. 頁數 304	
東台灣叢刊之十	撒奇萊雅族裔揉雜交錯的認同想像 王佳涵 著 2010. 4. 頁數 270	
東台灣叢刊之十一	Misakoliay Kiso Anini Haw？(你今天做苦力了嗎？) —日治時代東台灣阿美人的勞動力釋出 賴昱錡 著 2013. 4. 頁數 251	
東台灣叢刊之十二	花蓮地區客家義民信仰的發展與在地化 姜禮誠 著 2014. 4. 頁數 434	

東台灣叢刊之十三　傾聽・發聲・對話
Maljeveq：2013 台東土坂學術研討會紀事
鄭漢文 主編 2014. 8.　頁數 334

東台灣叢刊之十四　林道生的音樂生命圖像
姜慧珍 著 2018. 7.　頁數 269

東台灣叢刊之十五　遙想當年台灣
—生活在先住民社會的一個日本人警察官的紀錄
青木說三 原著　張勝雄 譯者
鄭漢文 主編 2020. 3.　頁數 364

東台灣叢刊之十六　天主教在卡大地布部落的發展、適應與變遷
陳映君　著　2020.10.　頁數 230

國家圖書館出版品預行編目(CIP)資料

天主教在卡大地布部落的發展、適應與變遷 / 陳映君著. -- 臺東市 : 東臺灣研究會, 民 109.10

面 ;　公分. -- (東臺灣叢刊 ; 16)

ISBN 978-986-90645-5-2(平裝)

1.天主教 2.卑南族 3.部落 4.歷史

246.233　　　　　109016310